1976 年 12 月 10 日，丁肇中教授在瑞典斯德哥尔摩的音乐大厅接受诺贝尔物理学奖

诺贝尔奖奖牌 诺贝尔奖奖牌

诺贝尔奖证书

丁肇中教授（右一）、苏姗博士（右二）、柏格博士（右三）、陈敏教授（右四）
在丁肇中教授获诺贝尔物理学奖时合影

丁肇中的父亲丁观海教授与两个孙女合影

丁肇中教授与两个女儿合影

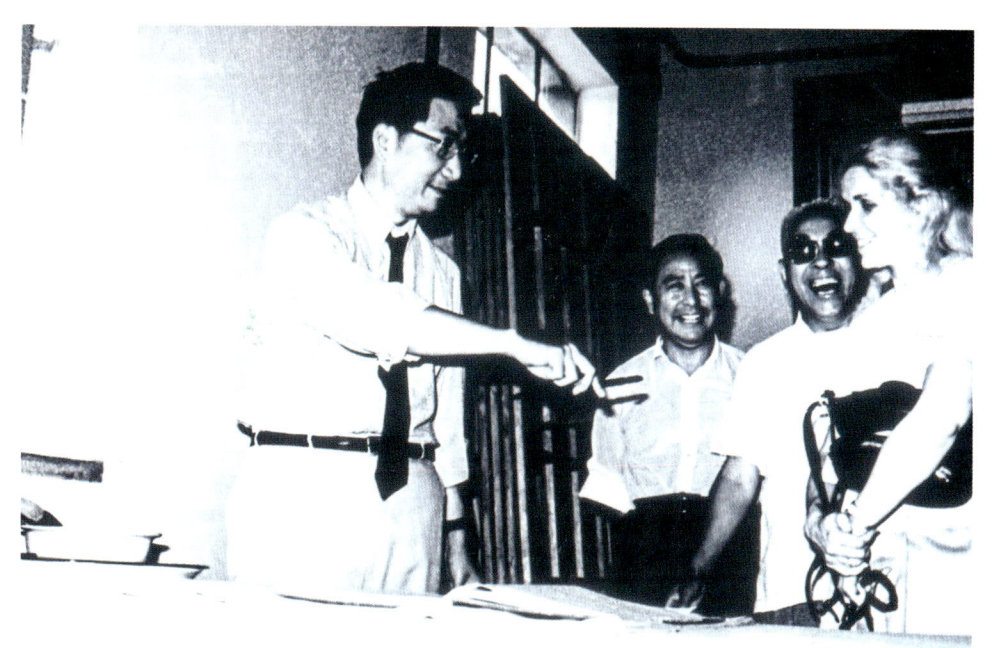

丁肇中教授（左一）与苏姗·马克思·丁博士（右一）在故乡山东日照

丁肇中教授（左二）与苏姗·马克思·丁博士（左一）在故乡山东日照

丁肇中教授在美国佛罗里达州的肯尼迪航天飞机发射台上

2011 年 1 月，丁肇中教授在美国佛罗里达州的肯尼迪航天中心
（背景是 AMS 仪器）

2011 年 5 月 19 日，丁肇中教授、丁明童博士、苏姗·马克思·丁博士在航天飞机起飞前 1 小时合影

2011 年 5 月，丁肇中教授与苏姗·马克思·丁博士在发射台前

2011 年 4 月，丁肇中教授
在肯尼迪航天飞机发射台
内为 AMS 做最后检查

2011 年 5 月，丁肇中教授检查装置在航天飞机上的 AMS

2011 年 5 月，丁肇中教授与
宇航员（6 位宇航员中的 4 位）
在发射台上合影

2011 年 5 月 23 日，丁肇中教授与宇航员
商议空间站上的情况

20世纪90年代初，作者顾迈男在欧洲核子研究中心（CERN）采访丁肇中教授

20世纪80年代末，作者顾迈男在北京饭店采访丁肇中教授

20世纪90年代初，作者顾迈男在中科院上海硅酸盐所采访丁肇中教授

丁肇中

DINGZHAOZHONG

顾迈男◎著

广东高等教育出版社
Guangdong Higher Education Press
·广州·

图书在版编目（CIP）数据

丁肇中/顾迈男著. —广州：广东高等教育出版社，2019.7
ISBN 978 - 7 - 5361 - 6523 - 6

I. ①丁… II. ①顾… III. ①丁肇中—生平事迹 IV. ①K837. 126. 11

中国版本图书馆 CIP 数据核字（2019）第 125791 号

出版发行	广东高等教育出版社
	社址：广州市天河区林和西横路
	邮编：510500　营销电话：（020）87553735
	http://www.gdgjs.com.cn
印　　刷	佛山市浩文彩色印刷有限公司
开　　本	787 毫米×1 092 毫米　1/16
印　　张	14.25
插　　页	6
字　　数	208 千
版　　次	2019 年 7 月第 1 版
印　　次	2019 年 7 月第 1 次印刷
定　　价	39.80 元

1976年12月10日，瑞典皇家科学院的大礼堂里，春意融融。在一片暴风雨般的热烈掌声中，著名物理学家丁肇中健步走上讲台，他先是用中文，继而又用英文发表了他因发现J粒子而获得当年诺贝尔物理学奖的著名演讲，他说：

"国王、皇后陛下、皇族们、各位朋友：

"得到诺贝尔奖，是一个科学家最大的荣誉，我是在旧中国长大的，因此，想借这个机会向在发展中国家的青年们强调实验工作的重要性。

"中国有一句古话：'劳心者治人，劳力者治于人'，这种落后的思想，对在发展中国家的青年们有很大的害处，由于这种思想，很多在发展中国家的学生们都倾向于理论的研究，而避免实验工作。

"事实上，自然科学理论不能离开实验的基础，特别是物理学是从实验产生的。

"我希望由于我这次得奖，能够唤起在发展中国家的学生们的兴趣，而注意实验工作的重要性。"

这段用中文镌刻进了世界诺贝尔奖论文集的文字，表达了丁肇中对故国的一片深情。在人生不可多得的这个庄严的时刻，他不仅用故乡的语言，故乡的文字，表述了对故乡年轻人的厚望。而且希望能够唤起在发展中国家的学生们的兴趣，而注意实验工作的重要性。

丁肇中为什么如此深情地寄语中国的年轻的学生们呢？正如他自己所说，他是在旧中国长大的，在这片古老的土地上，埋藏着他那扎得很深很深的根……

卷 首 语

再版的《丁肇中》一书与读者见面了。

这虽然不敢说是一本正式的人物传记，但是，书中所叙述的故事，却不是虚构的，而是完全真实的。

在这本书出版之际，我想对读者谈谈我在采写丁肇中教授经历的过程中，感触最深刻的人与事。或者说，让我感到震撼的那些篇章。

首先，丁肇中教授的奋斗历程表明，诺贝尔奖不是从天上掉下来的，而是经过长期的艰苦卓绝的奋斗得来的；还有一点就是，一个伟大的科学家的成才，必须从孩童时代就有人关怀、栽培，当然，自己实现梦想的毅力和奋斗精神也是十分重要的。

从书中不难看出，早在青少年时代，丁肇中就从他父亲丁观海教授那里接受了科学的启蒙教育。他回忆说："在我的少年时代性格形成期间，父亲就和我讨论关于牛顿、麦克斯韦、冯·卡尔曼及其他科学家的生平，以及他们的伟大贡献。"

"他（父亲）给了我一本关于法拉第生平的书，这本书对我产生了非常深刻的影响。我在密歇根大学工学院念书期间，父亲来看过我几次，送给了我几本朗道等人写的量子电动力学和现代物理方面的书。读这些书，对没有受过物理训练的人来说是相当困难的。在 1957 年的圣诞节假期中，我将它们读了一遍，书中清晰明了的物理思想和数学表达给我留下了非常深刻的印象。"

还在中学读书期间，丁肇中就勤于思索，以极大的热忱和好奇心，边阅读，边思索。小小年纪，仿佛一张白纸，他从爱因斯坦、居里夫人、伽利略、法拉第等科学巨匠的生平事迹中，明白了人生的真谛，认清了奋斗目标，在众多科学巨匠的人生经历中，最使他为之怦然心动的是法拉第①的道路。他说："无论在成就、人品及背景方面，法拉第都称得上是一位伟大的人物。法拉第出生于一个贫苦铁匠家庭，这说明一个普通人只要是肯干，肯自强，也可以有伟大的成就。"

读了法拉第的传记后，他在日记中写道："法拉第喜欢独立思考，对于书本结论，哪怕是著名权威的话，他也决不轻信。只要条件允许，他总要设法亲自检验一番。法拉第很喜欢做实验，他的零花钱几乎全省下来购买实验用品。钱不够就想其他办法，有时候连饭桌上的食盐也被他拿去做实验了。今后，我也要像法拉第一样，尊重事实，不迷信权威。"

由此可见，尊重事实、不迷信权威的性格的形成，不是一朝一夕的事情，而是从少年时代在启蒙教育中形成的，若干年来，丁肇中从来都是尊重事实，不迷信权威，脚踏实地地成就了一个又一个光辉的业绩。

我想，这对于今日中国年轻的父母们也许会有启迪。望子成龙，并不是逼子成龙。有人问丁观海教授，他是如何教育丁肇中成才的，丁观海教授的回答很是耐人寻味，他说："不管他！"事实是，丁肇中回忆说："非常值得感激的是，我的父母从来不管束我，而总是激励我的兴趣，他们不像许多中国

---

① 法拉第（M. Faraday，1791—1867），英国物理学家。发现电磁感应现象，确定了电磁感应定律，为现代电磁学奠定了基础；研究电流通过溶液时产生的化学变化，提出了法拉第电解定律，为发展电结构理论开辟了道路，法拉第电解定律成为应用电化学的基础；通过对电场和磁场的研究，发现磁致旋光效应（法拉第效应）等。

父母那样强求他们的子女在学校中得到好分数。""他（父亲）对我的最大影响是：在我少年时代就引导我认识了伟大科学家们的工作和成就，对我所做的一切总是给予很大的支持……"

正如丁肇中教授所说，他是在旧中国长大的，因此，他对中国，尤其是对年轻人寄予厚望、深情。在获得诺贝尔奖之后，他首先想到的是寄语中国青年重视科学实验。他在隆重的颁奖典礼上首先用中文宣读了自己的演讲。他说："得到诺贝尔奖，是一个科学家最大的荣誉，我是在旧中国长大的，因此，想借这个机会向在发展中国家的青年们强调实验工作的重要性。

"中国有一句古话：'劳心者治人，劳力者治于人'，这种落后的思想，对在发展中国家的青年们有很大的害处，由于这种思想，很多在发展中国家的学生们都倾向于理论的研究，而避免实验工作。

"事实上，自然科学理论不能离开实验的基础，特别是物理学是从实验产生的。

"我希望由于我这次得奖，能够唤起在发展中国家的学生们的兴趣，而注意实验工作的重要性。"

这段寓意深长的话语，应当镌刻在每个有志于振兴中华科学的年轻人的心灵里，去思索，去实践。

丁肇中教授可以说是一位成功的实验物理学家，他还谆谆告诫年轻人说："自然科学里最重要的发现，只有第一名，没有第二、第三名，年轻人要是下决心搞科研，就得勉励自己全力以赴，从实验中获取新知识。"他说："我这样说，有三点理由：一是因为自然科学新的、重大突破，是少数人破除多数人旧观点的结果。从牛顿力学到爱因斯坦相对论，再到近代量子力学，就反映了物理学科的进步和物理学上新观点为多数人接受的进程。第二，能在自然科学上有所突破的，仅仅是极少数人的关键性的发现，大多数人是默默无闻的。有志于从事科学事业的人，要舍得为科学放弃一切，才不至于为名利得失徒增苦恼。第三，科学上的重大发现，向来以第一个发现为主，不承认第二、第三个人的类同的发现。"

　　冲破传统思想的束缚，重视实验科学，也是丁肇中一贯的想法。他说："中国有占世界 1/4 的人口，但并没有占世界 1/4 的科学贡献，这是有一定原因的。我认为传统教育是一个重要原因。只顾考试，不重视研究自然科学。"

　　他还以自己的经历为例，说明冲破传统思想束缚的重要性。

　　他说："我是在传统教育里长大的。到美国进大学念物理的时候，起先以为只要很'用功'，什么都遵照老师的指导，就可以一帆风顺了。但是事实并不是这样，一开始做研究便马上发现不能光靠老师，需要自己做主张，出主意。"

　　为了说明新的自然科学知识只有通过实地实验才能获取，他曾在香港中文大学做过一个题为"格物致知"的报告。他说，"中国有一部《大学》讲'格物''致知'，意思是通过探察物体得到知识。但我看传统的中国教育并不重视真正的格物和致知。明朝大理学家王阳明就很典型。有一天，他决定'格物'，搬了一张凳子坐在院子里，面对着竹子硬想了 7 天，结果因为头痛而宣告失败。因此，我提出，今天应该重新体会几千年前经书里说的'格物致知'的真正意义。这意义有两方面：一是寻求真理的唯一途径，是对事物的客观探察；二是探察的过程不是消极的袖手旁观，而是有想象力、有计划地探索。"

　　像所有中国血统的科学家一样，丁肇中教授对中国的未来充满信心。他说过，中国是一个具有悠久历史和有过影响深远的科学发现的国家，他相信随着稳定、对科学事业的不断鼓励和支持，在未来的年代里，中国必将会对科学做出许多十分重大的贡献。

　　在书的卷首，重温他的这些殷切期望，我想，这对于我国的青年来说，是有意义的。

顾迈男

2018 年 11 月于北京

目　录

涛雒镇上

日照大海湾，涛雒小江南。

　　在中国辽阔的版图上，山东省由于三面环海，素有半岛之称。在波光粼粼的黄海岸边，坐落着一个名叫日照的地方。在这个濒临大海的城市里，有个涛雒镇。涛雒镇又名涛口。由于这个镇子地处青岛附近，从海上乘船去上海距离也很近，因而在中国结束帝制前后，也曾有过一段繁荣昌盛的美好时日。从清朝道光年间开始，涛雒镇的居民们便用旧式的帆船与沿海的各商埠通商，南至上海，北至青岛、石岛、旅顺、大连，镇上的经济很繁荣。从这里卖出去的农产品多为花生、生油、咸猪等。从外埠进口的有布匹、糖果，还有其他形形色色的洋货。

　　当时，涛雒镇最大的商号有四家：广记、永记、同记、协记，当地人称之为四大记。永记为丁观海教授（丁肇中的父亲）的父亲经营，同记为其四叔祖经营。永记有4艘帆船，而且有武装（旧私土炮）。每逢一年一度的贸易风来临，四大记的帆船便满载着附近村镇居民们生产的土特产品，诸如核桃、棉花、布匹等，以及各种各样的海产品，扬帆出海。这些帆船大都驶往青岛、上海等地，出售了土特产品，再满载着大城市的百货、工业品、书籍和报刊，以及各种各样的舶来品回到镇上。

据丁观海教授回忆，每年春季，四大记的帆船都开到长江口的崇明岛一带的海域捕捞黄花鱼，在当地出售之后，购买一些粗布（又名崇明布）返航。从1870年至1926年，在大约60年的漫长岁月里，涛雒镇很是繁荣兴旺，当地百姓中流传着的歌谣"大乱不乱，大患不患；官不过一品，财不到百万"正是这里的人们生活的写照。

人们在这个宁静的、生机勃勃的镇子上休养生息，安居乐业，日复一日，年复一年，每天黎明最先见到一轮喷薄欲出的红日，从茫茫的大海里冉冉升起，置身于日出东海的壮丽景色中，不禁吟诵出这样的歌谣：日照大海湾，涛雒小江南。

日照共有五个大姓：丁、牟、秦、安、李。五大姓互通婚姻，甚少与他姓往来。据说，这可能和当地的科举制度有关系。民国初年曾有人说："丁牟秦安李，不如固子许"，固子许者系指清朝末年的名翰林许印林（书法金石名家）及民初济南两省之专校校长。到1976年（即丁肇中获得诺贝尔奖之后），丁观海教授在台北碰见一位姓牟的人士对他说："还是姓丁的根基深厚，你们土山老林（指丁氏老祖坟所在地）又冒烟了！"①

上述五大姓的人家究竟何时从何地迁来日照？据日照《丁氏家乘》记载："高祖来可知者才五世耳……（注：即上溯祖先才有五代）父老化为古人，其为湮没何可胜悼即于今，始祖以下、高祖以上以及高曾祖之别支竟如残碑断碣查不可稽。"

《丁氏家乘》还记载："祖考中翰公行述本为江南海州之东海人，明初祖顺北徙占籍于邑南之刘家寨迤东二里许时，朝廷命郡县募壮丁守沿海哨墩，以勇敢应且利甚少，既禀为资斧竟以军籍隶青州伍世为日照人，四传皆业农

---

① 摘自丁观海教授记述。

积渐田连阡陌，至今人呼其处为丁家庄，然而名讳皆不可考矣。"

《丁氏家乘》还记载："吾族自前明由东海迁日照，江南板浦一带族人尚多，阅其所刻之谱吾始祖讳之，上格称为夹目公注云兴公之弟行三，任山西保德州吏，同与兄先后迁西海阙，其名子三长，即吾始祖注云名升，明初迁山东日照涛雒镇，次讳昂册名详岁实生，后人迁山东失考，三讳永布衣，海州南门人始迁板浦，吾始祖之下两代……"

上述记载表明，丁氏家族并非是土生土长的山东人，而是在明朝初年迁至山东日照，在涛雒镇定居后繁衍至今。到了 20 世纪初期，在山东日照的丁氏家族已经是世家巨室，可谓瓜瓞绵绵了。

涛雒镇有户人家，当地人称之为"丁五宅"。据说，早在明朝后期，"丁五宅"就已经是远近闻名的大户人家了。每逢元宵节或是灯会，凡有讨赏者，必呼丁五宅。逢年过节，有人来讨赏的，看赏的账房先生就会多给几个钱。据考证：丁五宅的祖先在封建社会里都是有功名的人。①

在涛雒镇的北面，有一座供奉关云长的庙宇，一边是太平桥，一边是天

---

① 摘自杨深富文章《照发现三块丁氏寿山石印》。1972 年，山东省日照市虎山乡郑家结庄一位名叫于治成的当地人士，在郑培乐院中挖土的时候，挖出了一个木盒子，里面装有三块寿山石印章。后来，他把这三块印章献给了日照市图书馆收藏。

据称，印章的质料为寿山石，主要有红、灰色，略带杏黄色，质地较好。寿山石产于福建省侯官县寿山（现福州市郊）因而得名。

印章的雕刻画面布局严谨，上面刻有山水、人物、楼阁及花草树木，山腰有白云飘逸。

印面分方印、长方印两种。一块 5.8 厘米 × 5.7 厘米 × 14.2 厘米，印文为"丁士一西圃又字河峰"。丁士一生于清康熙四年（1665）五月十八日，丙戌（1706）进士。官至户部主事、监察御史、福建按察使、江西布政使等职。著有《此游日记》《春余集》《三山诗草》《双砚斋文稿》，行世。一块 5.8 厘米 × 5.6 厘米 × 13.6 厘米，印文为"祖孙父子叔侄进士"。印文所指其一是丁士一之祖父丁允元，明崇祯四年辛未（1631）进士。其二是丁士一之伯父丁泰，清顺治十五年戊戌（1658）进士。其三丁士一之父，清康熙六年丁未（1667）进士。丁氏三代四进士，故称祖孙父子兄弟叔侄进士。

据考证：丁肇中的六世祖名叫丁士鹄，与丁士一是胞兄弟。

后宫。丁五宅的屋宇由北门、水门、三官庙、东门、南门、西门团团地围着。每逢旧历新年来临，丁五宅就张贴用大红纸书写的对联，最外层的大门上贴的是："诗书继世，忠厚传家"；二门上贴的对联是："向阳门第春常在，积善人家庆有余"；在角门上也贴起了对联："梅花开五福，竹叶报三多"；还有东学门上贴着："春秋多佳日，风雨故人来"。再就是农村常见的，人们对新春佳节的美好祝愿，诸如："太史书大有，司农告年丰"；"槽头兴旺，六畜平安"；"平安即是福，和乐便为春"；等等。

在"丁五宅"里，其中有一宅，人称"种德堂"。这里就是著名的美籍华裔物理学家、诺贝尔奖获得者丁肇中教授家的祖宅。当时，"种德堂"闻名遐迩，这户人家世代诗书耕读，有时也从事贸易活动。到了丁肇中的祖父丁履巽这一代，其家庭成员已不满足于守着祖先留下的基业度日，而是胸怀大志，不惜冒险外出远走他乡去读书或是谋生了。

丁肇中的祖父丁履巽，早年曾就读于上海复旦公学。学成回到家乡以后，他曾经热心地兴办教育，经营过土地和商业。他的妻子姓郑，也是一位知书达礼的妇女，她出生在距离涛雒镇 30 华里的曲河镇，她的父亲是一位秀才，在清朝时也有些功名。她虽然在农村长大，但是思想却很开明。她热心地支持儿女们读书求学，甚至不惜变卖家产供孩子们到国内外有名的学校里读书。丁履巽的大女儿丁绛原，是涛雒镇第一位进学校读书的女孩子。其他的子女丁鉴宏、丁观海、丁侃、丁丹、丁绘原，也都曾先后到北京、上海、青岛等城市，甚至去海外读书求学。

据丁观海教授记述："我父过继于种德堂二祖父家，二祖父擅中医，喜聚集田产、房产、古董、字画、金石玉器等。"

他记述："我父曾三次去上海，首次我不能记忆，二、三次都带回大批玩具，好的都分给姑们的小孩（原因可能是他们才是种德堂的原主），我和蒨原从未分到什么，小孩们打架或有人告状时，大人们多数不问原因，先打我和我兄，我母不忿，亦不敢置辞。"

也许是由于过继给叔叔的原因吧，丁履巽不得不对自己的孩子严厉，对叔叔的孩子则很宽容。

丁家藏书完备，当时上海新出版的各种读物这里全有，闲时，丁履巽便在一个名叫"东学屋"的地方读书。

丁观海记述说："我母是曲河人，距涛雒约30华里，与山子河相隔二里，可遥遥相望，那边都姓郑，清代也有些功名，我外祖是个秀才，外祖母安氏早故，我母居长，带领几个兄弟，因此我的几个舅父一直都对我母敬怕，婚后初住在'梅轩'，也叫花山天井，上辈排行第三，我父辈大排行共八人，我父行七，在'梅轩'有二、五、六、七共四兄弟，五、六婚前即逝，我二伯较长寿，抗战前尚在。二伯母安氏，人颇刻薄，我母初到时很受歧视。如此复杂的家庭应付着实不易。"①

在当时，中国的妇女从小就要被强迫缠足，而丁履巽家的女孩子，却不必受这种残忍做法的束缚，都不必缠足，因此，附近的百姓都觉得很稀奇。

丁观海教授还记述说："民国初年称天足女子为'满洲'，我家有两个'满洲'，大姐及大嫂，他们偶尔外出时（那时女子普遍不能外出），路人必呼看'满洲'，立时就有一堆人聚集，就像北京城前几年看洋人一样。待到民国十五六年以后，到处都是'满州'，也就无人看了。""清末民初，鲁南沿海一带常用的交通工具为大车，看京戏及搬家用（小姐回娘家）……用时每辆有两人前拉后推，上有席篷，前有竹篓可坐6人，我家两车因常被人取用，我幼时常奉母命将车辆收藏，用车时必先经我同意才可，颇是神气，小车亦称一轮明月，用于接送塾师及中医等用。"②

年复一年，丁氏家族在这个濒临大海、物产丰富的小镇上，过着悠然富足的日子。俗语说："天有不测风云，人有旦夕祸福。"不久，灾难降临了，

---

①② 摘自丁观海教授记述。

年仅 38 岁的丁履巽不幸身染重病，医治无效，突然谢世了。从此以后，丁氏一家家道中落，所幸的是丁肇中的祖母为人很是精明能干。这位出身书香门第的多子女的母亲，毅然挑起了操持家务、教育子女的生活重担。

丁履巽的次子丁观海（即丁肇中的父亲），在众多的兄弟姐妹的心目中，是出类拔萃的，他平时沉默寡言，但讲起话来却很幽默诙谐，他的妹妹丁侃回忆说："二哥（丁观海）有极强的记忆力，他非常诙谐，爱开玩笑，他说起话来能把假的说成真的，使人信以为真，常常逗得人们哈哈大笑。"①

1911 年出生的丁观海，自少年时代起便很有自立精神。在涛雒镇的明德小学毕业之后，他于 13 岁便离开故乡只身一人到青岛求学，先后在青岛市的礼贤中学、胶澳中学、济南的正谊中学、青岛大学预科，以及上海光华大学的物理系读书，并且在这些学校里肄业或毕业。

1929 年，丁观海考入上海交通大学土木工程学院。在当时的中国，一位乡村士绅的孩子，经过自己的刻苦努力，竟然荣登大城市名牌大学的榜首，这无疑是件很了不起的事情，喜讯传回日照，人们惊叹不已，一时间被传为佳话，人称"日照三杰"。原因是这一年日照县共有三位姓丁的年轻人（丁观海、丁原郝、丁履德）都考取了上海交通大学。

在上海光华大学读书的时候，丁观海和一位名叫王隽英的同年龄的姑娘邂逅，两位年轻人不仅一见钟情，而且志同道合，在读书求学、信念、人生的追求等方面，两人都很有见地和抱负。

王隽英也是一位非凡的女子，她出生在山东省海阳县（今海阳市）一个名叫盘石店的村庄里。她的父亲王以成，年轻时曾经东渡日本求学，在日本参加了孙中山先生领导的同盟会，回国后致力于反对帝制，建立民主社会的革命活动。后来，他不幸壮烈牺牲。

据山东省海阳县政协文史资料委员会提供的《王以成传略》（以下简称

---

① 丁侃采访谈话，1990 年于丁侃北京的家中。

《传略》)记载：王以成（1877—1912）字箫九，海阳县盘石店村人。21 岁以优异成绩考入登州文会馆，曾书藏头联抒志："以卧薪尝胆乐乐壮志，成驱虏兴华伟伟宏业"；"箫声夜半惊残云，九州梦中醒睡人"。后入青岛工部局学习绘图。清光绪二十九年（1903）东渡日本，就读于工业学校，专习土木工程。其间结识了日照人丁惟汾（丁鼎臣）。因均有志于反清救国，遂成莫逆之交。时，孙中山于日本东京成立中国同盟会，广积革命人才。王经丁惟汾介绍，加入中国同盟会。

光绪三十四年（1908），王以成毕业于工业学校，成绩优良，尤精桥梁学。归国后，任津浦铁路工程师。次年，因法国人吞没公款，清政府明知不究，王愤然辞职。回归故里后，著《论铁路工程》《论铁路测量》二卷。清宣统二年（1910），王赴北京，任《国风日报》编辑，抨击时政，宣传捣君权、驱列强、复兴中华的政治主张，遭清廷记恨，将报馆查封。王深感非武力不足以推翻清王朝，遂决心投笔从戎。

宣统二年（1911）10 月 10 口，湖北革命党人发动了武昌起义，各省相继响应。王以成奔走于天津、济南、青岛、安丘、乐陵、寿光、广饶、临淄等地，联络王长庆（王永福）、邓天乙（邓振德）等数十人，组建民军，欲先光复胶东诸县，并密用各种铁罐制作炸弹 200 余枚，作为攻城武器。后因即墨、高密等地起义受阻，遂决定进攻诸城。

民国元年（1912）2 月 1 日（辛亥年腊月十四日），民军司令王长庆、王以成、邓天乙等率军数百人，由安丘挺进诸城，他们臂裹白布，使用土枪土炮，英勇奋战，一举攻占城北五里堡，威逼县城。清兵撤退，知县吴勋逃匿天主教堂，民军入城，开仓济贫。

《传略》最后说："王以成与法国教士谷司德交往甚密。不料，谷司德阴蓄祸心，暗地与吴勋策划，密令城外清兵将枪弹藏于高梁秸中，以卖柴为名，运至城内；同时，吴勋电请沂州巡防营出兵，反攻诸城。2 月 10 日，清兵入境，里外夹击。王以成等用炸弹应敌，终因寡不敌众而失败。2月14日，吴勋获悉王以成等人藏于传义教堂，派兵围剿。王以成临难不畏，凛然疾呼：'速倒戈，共图富强。不然，余固不惜死也，天下党人，滔滔皆是，均能继续革命，独不能杀汝辈乎！'语才毕，即被清兵抓住，壮烈殉难。"

王以成留有一女，即丁肇中的母亲王隽英。

据丁观海记述："王隽英，父王以成，日本成城学校毕业后入工业学校习测绘。在诸城县（今诸城市）密谋起义事泄成仁，母迟瑞香鼎革后由稽勋局保送济南女子师范学校，毕业后，曾任徐州、昌邑等处在女子小学教员、校长等职，1958年在台北逝世，葬于台北近郊六张犁公墓。"

山东海阳县政协文史资料委员会提供的《王隽英传略》记载："王隽英，别号崆峒筱侠，山东省海阳县盘石镇盘石店村人。其父王以成参加辛亥革命，牺牲于诸城战斗。她被山东日照人丁惟汾①收为义女。"

《王隽英传略》记载："王隽英曾在四川教育学院任教授7年，兼任训育主任1年。后历任国立社会教育学院教授，沙滋区女青年联谊会理事长，山东旅京女文化教育促进会理事长，国民参政会参政员，驻会委员，国民大会代表，中国国民党中央执行委员会候补委员等职。其间，对振兴中华政教事业，建树颇多，获'品学兼优、政教并茂'之誉。"

王隽英自幼聪慧，才学出众。13岁时，以《捉月》为题，吟七律一首：

院中浴盆水清清，谁把明镜投水中。

欲捞"菱花"整鬓发，惊喜嫦娥降蟾宫。

探指捉伊伊无影，我不捞月月偏明。

赌气倾尽盆中水，仰看玉盘飞碧空。

---

① 丁惟汾，字鼎丞，清末秀才。日本明治大学毕业，在留日时期加入同盟会，曾任山东公立法政专门学校校长，众议院议员等。创办山东公学、东牟公学、震旦公学、胶澳中学。著有《箕裘录》《毛诗韵聿》《俚语证古》《方言音释》《齐东语》等。

在烟台上学时，组织崆峒学社，撰写了许多别开生面的诗文。

《王隽英传略》记载："九·一八事变后，王隽英积极参加抗日宣传、募捐活动及抵制日货、打击汉奸斗争，还把母亲赠给的金戒指和自己节省的银元 10 枚，一同献给东北抗日义勇军；并撰《告妇女同胞书》，严厉批判'女子无才便是德'等封建伦理，号召妇女冲破樊笼，振翼高飞，允文允武，建功立业，争当巾帼英雄！"

王隽英在燕京大学读书期间，苦学之余，编写《伟伟华夏》三辑：《物华天宝》《人杰地灵》《励精图治》，由中华书局出版。在重庆时，目睹世道昏暗，官场腐败，洁身自好，不入污流。曾吟诗抒怀：

> 寒封空谷姣华枯，
>
> 独见幽兰色倍绿。
>
> 点点丹心傲霜洗，
>
> 条条翠叶迎雪舞。

1945 年 6 月 2 日上午 10 时，偕同僚侯雪屏、叶讯等人去曾家岩晋谒蒋介石，面陈民生大计。事后，王隽英节衣缩食，捐薪救饥，并到工厂、学校、军旅、居民区发表演说，鼓动抗日。

王隽英曾上书（国民党）中央，要义为精诚团结，抗日兴华——民族独立；大道之行，天下为公——民权自由；扶助农工，恤民减税——民生幸福；礼义廉耻，国之四维，行之则昌，失之则衰；为政以德，任人唯贤，饬厘弊政，励精图治。一片正论，反响强烈，"有识之士，同声公允。载诸报端，纷传天府"。

《王隽英传略》还记载："日本投降之后，王隽英出川入宁，眼见内战风云又起，心忧国难，愤然成诗：

懒听钟山霜雁声，

愁看金陵残月影。

峻鹰振翼飞九重，

直把战云化升平。

王隽英从北平贝满女子中学毕业后，进入上海光华大学读书，学习教育与心理，在这里，她和丁观海相爱并订婚。1933年两人订婚后，两个年轻人并没有迷恋于终日守候在一起，不久便分开了。

丁观海少年壮志，他决定远走异邦到科学技术发达的美国去进一步深造。这时，他已是个眼界开阔的青年学者，有了出国留学的念头，便兴冲冲地从上海回到故乡日照，与母亲和大哥丁鉴宏谈了想去美国读研究生的热切愿望。母亲和哥哥听说他要出洋深造，都很支持。但是，中国和美国相距遥远，偌大的一笔路费怎样筹措呢？

经过一番商量，母亲对大哥丁鉴宏说："观海想到美国求学，这是年轻人追求上进的好事情，也是你父亲生前的心愿，我想把你父亲从前经商时开店铺用的那幢房子变卖了，给他做路费，你同意吗？"

丁鉴宏当即欣然表示赞成母亲的主张。就这样，1934年自上海交通大学毕业后的丁观海用母亲卖房子的钱买了一张船票，在这年的8月中旬从上海乘坐"胡佛总统号"轮船，经过日本的神户、横滨，从夏威夷到达旧金山，再乘火车经芝加哥到达安阿伯的密歇根大学。

许多年以后，每当他回忆起当年出国时的情景，对母亲的远见卓识和慷慨相助总是感念不已。他说："民初之间，士绅多认为教育无用，因科举即废，读书不能求取功名，外出京沪，所费不一，捞不回来，故子弟读几年私塾或小学能记账目写信件即福。惟我母对我等外出读书甚为鼓励，并充分供应，甚至变卖祖产亦所不惜。我于1934年出国时曾卖涛雒西大街市房一处，为此常受亲族间之非议。"①

密歇根大学坐落在美国底特律城的安阿伯（Ann Arbor）。这座创办于 18 世纪的著名学府，到了 20 世纪 30 年代，已经发展成为一所理、工、农、医、文学等各种学科门类齐全的综合性大学。

丁观海到达美国之后，经过一番严格的程序和美国教授的考试，进入了这个大学的研究院，他深知自己来美国留学的机会来得是多么不易，因此在入学后加倍刻苦读书，经过苦学不辍，潜心攻读，获得了土木工程和弹性力学的硕士学位。

分别以后，王隽英于 1933 年秋季考入北平燕京大学研究院。1935 年春天，她从上海乘坐"格兰特总统号"轮船赴美，并于这一年的冬天获得美国密歇根大学的心理学硕士学位。②

两位满怀壮志远走异邦的年轻人，在美国相聚后，自然是欣喜不已，于 1935 年在密歇根大学结婚。婚后不久，王隽英便有了身孕。

1936 年 1 月 27 日，丁肇中在密歇根大学所在地的安阿伯大学医院里诞生。③

后来，丁肇中曾经这样谈到自己的身世。他说："我在第二次世界大战初期出生在一个主要由教授和革命志士组成的家庭里，我的父母都希望我出生在中国，但在他们访问美国时，我提早出世，由于这个意外，我成为美国公民，这个突来的小插曲却也影响了我的一生。"④

这一年的 4 月，王隽英怀抱着幼小的丁肇中历尽艰辛回到了中国，她与先期回国的丈夫在河南的焦作市团聚。这年夏季，他们路经北平到了青岛，

---

① 摘自丁观海教授记述。
② 摘自丁观海教授记述。
③ 见丁肇中获得诺贝尔奖演讲英文稿。
④ 摘自丁肇中文章《一百元美金与诺贝尔奖》（梅新、戴瑜于洛杉矶根据录音整理）。

定居于这个城市的齐东路 4 号。

而当时的中国又是怎样的情景呢？

追溯历史，1931 年日本军队占领了中国东北的广大地区，紧接着又向华北平原发动了猛烈进攻，在丁肇中出生的第二年，爆发了举世闻名的"七七事变"。

原想归来为国效力的丁观海和王隽英，没有料到非但不能走进静静的课堂教书育人，反而要立刻置身于硝烟战乱之中。

1979 年 6 月，丁观海教授在一篇回忆王隽英的文章中，详尽地记述了那些艰难的岁月。他写道："1936 年春，长子肇中出生，4 月返国至河南焦作与夫团聚，夏经北平转青岛定居于齐东路 4 号，抗战军兴，流离迁移频仍。

"1937 年 7 月回涛雒老家，8 月经陇海路至徐州转南京入鼓楼待产。8 月 14 日南京轰炸，当晚乘火车转芜湖入野鸡山医院，芜湖轰炸后转合肥基督医院，肇华于 9 月 3 日出生，南京沦陷后全家渡淮河至徐州沿原路返涛雒老家。

"1938 年初春伪军至，全家随老母至曲河，又由六舅送赴西北山乡中居住，3 月底经北町绛原家见老母后南下，经北廓临时县政府所在地取得难民证后乘小车径赴新埔，沿途相遇者丁晓东、丁哲生、丁鸣甫等多人，4 月底至徐州始悉战况时正台儿庄大捷后也，5 月初到郑州，遇空袭，躲于城墙下，旋到汉口寓大智门，大智旅社 4 楼，遇绛原夫牟云野，时任某伤兵收容所主任，又遇丁侃，章余后全家乘民生公司轮船沿江而上，先到宜昌，小住后又转万县，寓闻洞子当地士绅大老爷农庄中，时山东医专及附设伤兵医院正撤退至万县，其领导人尹萃农为观海父执，聘观海授物理得交通银行5 元钞票 30 张。

"11 月观海独自赴重庆，一日遇旧交黄文熙博士，时甫自西安东北大学转至沙坪坝中央大学，承介绍至北碚黄桷树复旦大学任教。从此可以安定，隽英曾语系为生平最快乐时刻。"

他回忆说："12 月初，隽英携全家到渝，即转北碚，寓于公共体育场附近新建公寓中，月付 10 元，3 月间肇民出生，5 月肇民病赴渝治疗，寓督邮街旅社，5 月 3 日、4 日大轰炸后，全城大火。4 日夜间无处可住，奔赴菜园坝黄文熙处借宿一宵，5 日乘滑竿两顶返北碚，夏间移金钢石县新建竹屋……"

谈起童年时代，有一次丁肇中在北京给年轻人做报告时这样说："在我出生 3 个月的时候，回到了中国，由于当时中国的境况，我一直是一个难民，不断地从一个地方逃到另一个地方。当然，那时我没有可能得到任何的正规教育。仅仅由于我的父母都是大学教授，我们才得以有足够的饭吃，并且总是可以找到适当的住所，但没有正规的教育、体育运动和任何娱乐。然而幸运的是可以见到许多来我们家拜访我父母的有才华的学者。从物质条件来说，我的童年也许不像今天北京的儿童们那么幸运。"①

凯特曼·李在《诺贝尔物理学奖得主 S. C. C. Ting 与密歇根大学有着悠久联系》一文中说："丁肇中与安阿伯的关系可追溯到 1936 年 1 月 27 日他出生的时候。Ting 的父母均是颇有影响的学者，在 1936 年初时均为密歇根大学的研究生。Ting 的母亲已怀孕，但他们仍计划不久后返回中国。然而出人意料，丁家的第一个孩子早产了两个月。

"当小丁两个月大的时候，丁家没有回北京。他的父亲成了工程学教授，他的母亲则成了心理学教授。Ting 的姥姥担负起了照顾孩子的责任。尽管丁家注重教育，但第二次世界大战使小丁到 9 岁时才开始接受正规教育。Ting 的姥爷在中国第一次革命中去世，因此，他的姥姥在 33 岁时仍去上学，并成为一名教师。她独自将小丁的母亲带大。

---

① 丁肇中. 在探索中：一个物理学家的体验［J］. 青年科学家，1982（1）.

"Ting 说：'我小的时候经常听我母亲讲过去的故事。姥姥也经常回忆动乱年代的困难生活以及他们为我母亲提供良好教育所做出的努力。'她们俩都是那种有魄力、有独创精神、有决心的人，她们给我留下了不可磨灭的印象。"①

半个多世纪弹指一挥间。有一年夏天，丁肇中和夫人苏姗·马克思·丁（Susan Marks Ting）来到了中国黄海之滨的山东省日照市。陪同他们回故乡的还有丁肇中的姑姑、堂姐等。

他们的到来，受到了临沂行署和日照市以及人大、政协等机构负责人的热烈欢迎。

当日下午，丁肇中一行首先到涛雒瞻仰了他们的故居，看望了亲友，祭扫了祖坟。随后，又兴致勃勃地参观了石臼港，并且在留言簿上签名留念。

这次回故乡，丁肇中十分关心家乡的教育事业，在谈到发展教育、培养人才时，他意味深长地说道："搞什么事业都需要人才。这几年来，我每次回来，都是经过教育部、科学院，在全国重点大学挑选物理专业学习成绩最好的学生到我那里工作，拿博士学位。遗憾的是，至今还没有山东的学生。"

丁肇中对故乡的山水、亲人们都怀有深情。次日，他怀着依依惜别的心情离开了日照。临走的时候，他一再表示："我还要回来的，还要回来的！"

丁肇中走后，一位叫牟野云的人士感咏道：

---

① 摘自林健译凯特曼·李（Lee Katterman）《诺贝尔物理学奖得主 S. C. C. Ting 与密歇根大学有着悠久联系》一文。

少小离家今半百，蜚声世界载荣归。

高能物理谁堪并？诺贝尔金独占魁。

去国时萦华夏梦，思亲心向故园飞。

欣看日照成新市，愿得"鲁生"早自培。

还有一首七律，咏道：

涛、石往返时匆匆，注育"人才"意却浓。

新市兴修思输子，故乡貌改望张衡。

名言自得全民赞，卓识岂独海曲钟。

此日回帆异国去，敬君桑梓总关情！

嘉陵江畔

困苦比欢乐多。

由于日本侵华战争和社会动乱，丁肇中在中国度过的少年时代，异常的困苦艰难……

日本侵华战争爆发以后，中国许多著名的大学为了避开战火，纷纷迁到了四川、云南和贵州，即所谓的后方。

丁观海和王隽英教授都是爱国知识分子，他们不愿意留在敌占区为日本侵略者效力，于是，在辗转逃难走遍了大半个中国之后，丁观海便一个人先期到了重庆，随后，王隽英也带着几个幼小的孩子赶来。可是，当时战火正迅速地在全中国蔓延，所谓的后方，也并不太平。

回忆那些岁月，丁观海教授说："1940 年至 1944 年，为避空袭曾寓嘉陵江畔一山洞中，夜来蒙面盗多人劫掠，鸣枪穿肇中枕头，该时观海在重庆大学，隽英在民族中学任教务主任，事后雇一民船沿江搬家至沙坪坝姚家院重庆大学宿舍居住，隽英旋就磁器口教育学院任职，除授教育心理学外兼女生指导，又主持三青团教育学院分团主任。"

那些非同寻常的日子，在丁肇中幼小的心灵里留下了难以抹去的阴影。他回忆说："我二三岁时，从长江乘船到重庆，坐在小木船上，住在山洞里。山洞是有钱人凿的，在江边上。有一天晚上，我母亲到重庆去了，那时父亲在重庆。外婆说，忽然有40多个强盗破门而入，翻箱倒柜地找东西，什么也没有找到，临走，还朝着我的枕头开了一枪。"①

丁肇中说："回到中国以后，由于战乱的关系，直到父亲到台大执教，我才在台湾接受正规教育。"他说："幼时最深刻的印象是挤羊奶给弟弟吃。那时我们居住在重庆，日军时（常）来轰炸，所以我没有上学。家中买了羊，弟弟不幸罹患肺病，医药欠缺的战时，肺病存活率低，必须小心照顾。"②

其实，幼小的丁肇中在那些日子里，除了挤羊奶外，每天还要去放羊。

王隽英是一位事业心很强的妇女。到了重庆，她把孩子交给母亲迟瑞香照料，自己终日在学校里奔忙。这时，她除了在四川师范大学教书之外，还活跃于政坛。

王隽英自幼丧父，其父王以成为国捐躯的壮烈事迹，深深地印在她的心灵里。秉承父志，她在青年时代就视振兴中国为己任。丁观海教授在丁肇中成名后对人们说："他（丁肇中）的母亲，生前就是一位极出色的女性，学识好，能力强，在大学里教过书，也在政界服务过。她一向主张'不论学习哪一行，一定要成为那一行里的佼佼者。'"③

丁肇中在孩童时代，就是个富有同情心和好奇上进的孩子。他随家人到重庆时，虽然只有4岁，但是，父母对他进行的启蒙教育，使他终生难以忘

---

① 丁肇中教授采访谈话，1989年11月于欧洲核子研究中心（CERN）丁教授办公室。

② 摘自丁肇中文章《一百元美金与诺贝尔奖》（梅新、戴瑜于洛杉矶根据录音整理）。

③ 吕一铭，薛兴国. 丁肇中的昨天和今天［M］. 台北：联合报社，1976.

怀。他在《怀念》一文中写道：

"对父亲的回忆，最早可追溯到我五岁的时候，那是 1941 年 12 月 8 日，珍珠港事件发生的日子。那时我们全家都在重庆，当时，每天的大部分时间是在防空洞中渡过的。那天父亲告诉我，以后日本的轰炸会越来越少了，我们的日子也会慢慢地好过些了。

"我七岁的时候，父亲带我去参观了重庆的一个工业展览会。展览会上的那些新机器和工具对我有很大的吸引力。那时父亲是重庆大学的教授，母亲是四川师范大学的教授。这一年我大部分时间是呆在家里，父亲常常向我讲述上世纪及本世纪的一些伟大科学家，如法拉第、牛顿、麦克斯韦、爱因斯坦、希伯尔和冯·卡尔曼的故事。他们的成就以及父亲谈起他们时的神态给我留下了很深的印象。可能正是由于童年时的这些印象，使我立志要成为一个科学家。

"从父亲那儿，我开始知道了原子这个名词。那是在 1945 年 8 月轰炸广岛以后，他向我讲解了什么叫原子，以及它的应用在世界历史事件中的含义。"①

在重庆度过的岁月，困苦和危险远比欢乐要多。奔涌不息的嘉陵江便成了他和小伙伴们最好的去处。夏秋季节来临时，没有空袭的时候，他便邀集几位少年朋友结伴去嘉陵江里游泳，有一次游泳时，一场意想不到的灾难倏地降临到他的头上。事情是这样的：一次游泳的时候，他不小心吞了几口江水，回到家里便发起高烧来了。

持续数日的高烧，把他折磨得面黄肌瘦，渐渐地竟饮食不进，昏睡不醒了。

父母把他送进了医院，经检查，他患了伤寒。

战争期间，缺医少药，各种传染病流行蔓延。丁肇中作为这个多子女家庭里的长子，正如他自己后来回忆，就连自己每天挤的一点羊奶，也要先让

---

① 丁肇中. 怀念 [J]. 瞭望，1991（14）.

给患病的弟弟喝，还有幼小的妹妹。长时间的营养不良，使得幼年时代的丁肇中体弱多病，在那些艰难困苦的年月里，他几乎每年都要进一次医院，而且不止一次的病势垂危，有时候，医生们对抢救他几乎失去了信心，不得不在他的床头上挂起了病情危险的信号——红带子！他的父母曾不止一次地收到过医院送来的病危通知书。日本侵华战争快结束的时候，他随父母到了南京，有一年竟连续发高烧长达数月之久。①

关于丁肇中兄弟当时的境况，丁观海教授更是难忘。他在记述中写道："1946 年春自重庆全家飞返南京，观海携肇华经沪经青岛省视老母并就任救济分署职，夏隽英偕子女肇华由老六便机带京，赴庐山，任女子大队长，年底出席国民大会制宪会议，会后就任社会教育学院教职，并就任参政员职，1947 年春观海赴沪出差，曾至南京探视，相偕赴沪，寓扬子饭店，1946 年小夏令营后隽英携子女飞青岛小住寓大和旅馆二楼观海宿舍，制宪国大前离去，留肇中于我处次年带返，同年夏观海离青岛职务逯返南京家中，此时隽英正筹划于和平门内许府巷自建住处……由中央信托局贷款建屋。"②

当时，国民党政府已无力维持政局，通货膨胀日甚。丁观海教授和王隽英教授靠微薄的薪金维持一家人的生活已经比较艰难。他记述当时的情景说："肇中、肇华忽同时患病，肇中系发高烧，送鼓楼医院多日不能查出病因，30 余天高烧不退，后经名医戚寿南施用美国新药，每日一针始逐渐好转，惟药极贵，每日至鱼市巷割一小金块始足应付，出院时金块亦用尽矣！秋季接中正大学及复旦大学聘，中正在江西，我未能去，故每周去上海复旦大学上课，经济情况已几近混乱，冬隽英去济南竞选，中央提名形式而已，然仍在戏院中演讲，当选为第一届立法委员，1948 年就职，此时公教人员薪金以亿计，4 万元一张之纸币亦出现，河南大学自开封迁至苏州，我于 1942 年秋季就该校

---

① 丁肇中教授采访谈话，1989 年 11 月于欧洲核子研究中心丁教授办公室。

② 摘自丁观海教授记述。

水利系主任职，每周去苏州后转吴淞兵工学校，此时交通混乱甚苦，到吴淞尚须坐于脚踏车后座带往旧兵营校中，政府忽于此时宣布更改日常制，以 $1：30×10^6$ 为新币金圆券对法币比值，维持月余后忽然无卖物品者，我在苏州曾一天未得饭吃，晚间无法忍受只得去当地同事家吃了一个小馒头，把领得薪水全部买了两篓螃蟹（因该物不能久藏）带返南京家中大吃一顿，年尾徐蚌会战①后，蒋朝已近崩溃，全家先赴上海住裕康号楼上……"②

1945 年秋天，日本侵华战争结束的时候，丁肇中虽然只有 9 岁，但是，这场战争给千百万无辜的中国人带来的灾难，却深深地铭刻在了他的记忆中。

1946 年至 1947 年，丁肇中单独和父亲一起住在青岛，当时，他的父亲在山东大学任教，并且为联合国救济总署工作，父亲把他送到一个由德国修女开办的一所非常严格的天主教学校读书。

"因为在战争年代，我从来没有受过正规教育，另外，我原来对学校也没有什么兴趣，所以在这所天主教学校中，我的学习遇到了很大困难。非常值得感激的是，我的父母从来不管束我，而总是激励我的兴趣，他们不像许多中国父母那样强求他们的子女在学校中得到好分数。

"我非常留恋和父亲在山东度过的那一年的生活。在那里我见到了我的祖母和丁氏家族中的许多成员。父亲常常带我去看京剧和看电影，却从来不强迫我念书。

"由于内战和社会动乱，1947 年和 1948 年在中国的生活是很困难的。我记得，当我们从我家的第一台收音机中听到济南被解放时，父亲很感慨地谈到，国民党很快就会失去中国了！在那些日子里，我和弟弟都得了重病。父母果断地花费了他们的全部积蓄购买了当时刚刚出现的新药——盘尼西林。

---

① 即淮海战役。
② 摘自丁观海教授记述。

如果他们不那样做，或许我们就不能幸存下来。"①

由于丁肇中的父母都是教育家，因此，他虽因战乱未能进学校接受正规教育，但是，他并未荒废学业，在父母的指导下，他在家中自学了些日子，战争结束以后，便随父母从重庆到了南京。在南京，他进入了一所小学读书，在学校里，他和同年龄的孩子相比，还是很刻苦用功的。闲暇的时候，他常常随父亲到南京的夫子庙里听相声。听相声也是他这时培养起来的兴趣，以至于他成为举世闻名的物理学家以后，每次来中国总要购买一些相声的录音带，带到国外听。

战争过后，丁肇中幽默地说："它（指战争）的好处是我可以不必上学了！"

少年时代很快结束了，许多年以后，回忆往事，丁肇中深情地说："父亲是一个有非常才智的人，他的记忆力极好，有很强的分析能力。而最突出的是，他总是——即使在他最后的日子里，非常安详和平静。他对我的最大影响是：在我少年时代就引导我认识了伟大科学家们的工作和成就，对我所作的一切总是给予很大的支持，因而，应该说，他是我的启蒙老师。"②

①② 丁肇中. 怀念［J］. 瞭望，1991（14）.

在台湾的日子

"我念中学时，数学、化学及中国历史的成绩都很好，尤其是中国历史，表现更为突出。但当我发觉从历史中，找寻真理是非常困难时，我选择了科学。"

1948年春季来临。12岁的丁肇中跟随父母到了台湾。回忆这段经历，丁观海教授说："阴历年前，隽英携子女等乘中兴轮赴台，暂借寓丰原中学，此因四川教育学院（即现四川师范大学）学生杨煦在该处服务故也。我原约陶玉田同行赴台过年，因该时只有太平轮行驶，我颇踌躇，因该轮上次系兵工学院所包，为我留一房间，我只托带行李一件，内有洋面一袋，我自己并未同行，这次需自己付钱，又只能坐统舱或船面，再就觉朝代改换，已成定局，前去台湾，实属前途茫茫，那时每人均有世纪末之感觉……我有意拖延，终未搭乘该轮，腊月28号外报纸刊出太平轮沉没，3 000余人遇难消息时，我仍未散牌局。我于1949年春坐中兴轮到基隆，隽英来接，到丰原中学吃了几条小鱼，肇中等说过旧年时吃的猪头煮豆子。我旋就台南工学院执教……"①

丁观海教授一家人到台湾之初，处境依然比较艰难。他在台南工学院教书期间，"发薪时去城内仅可买银元两三个或美钞4.5元"。他回忆说："隽英卖了几个戒指，在台中市买了一小房，勉强可以居住，1949年夏天，隽英洽得台北市重庆南路原公路局宿舍一隔间，于是，全家离台中乘火车北上，带了好些大柚子。"②

1950年的春季来临，这时，一家人总算有了固定的住所，生活也大为改观，丁肇中兄妹三人也入学读书了。不久，丁观海教授接到台湾大学的聘请，在这个大学的土木工程系任教授。全家人住进了台湾大学的宿舍——台北市泰顺街33巷4号，从此一住就是40多年，直到丁观海教授去世。

到台湾以后，丁肇中先是在台中市的大同小学读小学六年级。这所学校的教师大多是由退役的军人担任，他们对学生相当严厉，同学们常常受到处罚。老师要求严格，同学们也都认真地应付，唯一特殊的就是，丁肇中这时虽然正值青春年少，但他很喜欢观察与思考。

全家搬到台北以后，丁肇中考进了成功中学。翌年，转入台湾建国中学。在这所中学读书期间，他已经展现了在数学和物理方面的才能和志趣。

到了台湾，丁肇中结束了疾病缠身的童年，身体一天天健壮起来。中学时代，他风华正茂，读起书来专心致志，如饥似渴。在台湾建国中学读书时，由于他在与同学们讨论问题时常常表现出超凡的智慧，班上的同学们都戏称他"丁大头"或"大头丁"。而每当他为习题与同学们争论不休，最后总是以胜利告终时，同学们总是对他那大头内盛装的数字与理论赞叹不已。那时，他时常和同学们到台湾师范大学的图书馆里读书。等图书馆关灯以后，他又和同学们相偕回到家中读书。为此，日复一日地为一个问题找很多书，花很

①② 摘自丁观海教授记述。

多的时间思考，日常几乎没有什么消遣。像看电影这种娱乐，他认为是"金钱与时间上的奢侈"，更是极少。尤其是时间，他十分珍惜。他知道，一个人要有成就，学问的根底就要打得深厚。他认为，一个人年轻的时候，某种"填鸭式"的灌注也是很需要的。因此，他在这段打基础的阶段，尽量利用时间痛下苦功。不过他也不是死读书。他的数学老师谭嘉培谈起他，说："很有冲劲。我见过很多成绩比他好的学生，但是这些学生有的因为书读得太死，难以再往前发展，而其他的人则又缺乏后劲，不再发展了。"①

丁肇中读书是那样专心，台湾的夏季，雷雨频繁，即使在电闪雷鸣的时刻，他也是正襟危坐，专心致志地读书，真可谓雷打不动。

许多年以后，回忆少年时代在台湾的经历，他说："我12岁的时候，在台湾开始接受正规教育……学生在学校里最重要的就是成为一名出类拔萃的学生。我在台中生活了一年，然后随我家搬到台北。在那里，我通过考试进入了台北最好的高中。这个学校是按照学生的能力程度编班的。我被编到了最好的班级。尤其是，这个学校在几何、中国历史、英文和化学学科方面有很出色的教师。在我念高中的时候，我最感兴趣的是中国历史。其次是化学和物理。但我很快意识到，在历史学中去寻求真理，比在自然科学中寻求真理要困难得多……我对中国文学、英文和其他诸如此类的课程，感到极大的困难。自然我不是这些学科中最优秀的学生，然而我记得在物理和化学的学习中，我花费了大量的时间，对这些课程有了比较深入的理解，也许比其他的学生更深入一些。"②

丁肇中说："在我的少年时代性格形成期间，那时台湾的政治制度是很僵硬的，新闻是被严格控制的，没有言论自由。那时我对当局组织的一些学生

---

① 吕一铭，薛兴国. 丁肇中的昨天和今天［M］. 台北：联合报社，1976.
② 丁肇中. 在探索中：一个物理学家的体验［J］. 青年科学家，1982（1）.

活动很有兴趣。然而，父亲却明显地对当时台湾实施的一些政策持有不同观点。我在高中学习期间，父亲继续和我讨论关于牛顿、麦克斯韦、冯·卡尔曼及其他科学家的生平，以及他们的伟大贡献。他给了我一本关于法拉第生平的书，这本书对我产生了非常深刻的影响。"[1]

丁肇中读中学的时候，数学、化学及中国历史的成绩都很好，尤其是中国历史，表现更为突出，但当他发觉从历史中找寻真理非常困难时，他选择了科学。总之，他的中学教育非常好，基础打得非常扎实。他认为，一个人在扎根基时是需要狠下苦功的，若自幼便学而不思，将来难免流于轻浮。

在中学时代，丁肇中就展示了一个科学家为了追求真理而勇往直前、锲而不舍的精神。人们在谈到他这一性格的形成缘由时，认为他颇有他外祖父的遗风。王隽英的父亲认定了推翻清朝、追随孙中山先生建立自由民主的国家是一个时代儿女应负的责任，因而他不避风险，全力以赴，直至杀身成仁。丁肇中对学问的追求，完全跟外祖父的性格一样。在真理面前，他绝不低头。早在中学时代，他为了数学和物理上的问题，常常和同学们辩论不休，非到澄清事实，真理显现为止，否则绝不罢休。

在课堂上老师发问时，他常常是头一个举手回答问题的学生。

孔子曰："学而不思则罔，思而不学则殆。"丁肇中对此深有体会。

从初中到高中，他勤学不辍。他每年的平均分数都在 85 分以上，其中物理平均是 92 分，化学是 91 分，生物是 78 分，历史是 89 分。高中三年级毕业考试的成绩是：物理 97 分，化学 100 分，生物 89 分，数学满分，因而被保送进入台南市的成功大学。[2]

毕业前夕，同学们互相临别赠言，在丁肇中的同学录里，几个同学写了

①　丁肇中. 怀念 [J]. 瞭望, 1991 (14).
②　吕一铭, 孳兴国. 丁肇中的昨天和今天 [M]. 台北：联合报社, 1976.

这样一些临别赠言：

"大头里面蕴藏着许多智慧，但是，不加利用，就等于零，所以希望你能努力研究，发现宇宙间从未发现过的东西。"

"你的理科可以说是班上无敌手，我希望你集中全力向理科进攻，发现几个丁氏定理！"

同学们的热情鼓励，老师们的殷切期望，都使他增强了要上理想大学的信心，他对自己的未来充满了美好的憧憬，如今，却要被保送进入他认为是二流的大学读书。

得知这一消息后，他非但没有欣喜若狂，反而闷闷不乐了。

"不，我不要保送，我要参加大学的联合考试，考个状元回来！"一向有极强上进心的他，暗自思忖道。

从小就喜欢和父亲讨论问题的丁肇中，在遇到疑难问题时，更是习惯向父母请教。参加大学的联合考试，是一件大事，他自然要先征求父亲的意见。

父亲见他信心十足，便没有给他泼冷水。

经过一番紧张的考试，结果，状元没有考中，却依然考取了成功大学。没想到，语文和英语的成绩竟扯了他的后腿。从发榜的那天起，他就愁眉不展，饭菜不思。

父母见这情景，都很焦急，宽慰他说：这点小小的挫折，算不了什么，没关系！父母不停地安慰他，而他却依然无法释怀。过后，他把这段日子称之为求学的"黑暗时期"。①

在人的一生中，总会遇到各种大大小小的挫折，如果一受挫折，就畏难退缩，从此一蹶不振，那就永远不会有出头的日子；而有的人，受了挫折不

---

① 摘自丁肇中文章《一百元美金与诺贝尔奖》（梅新、戴瑜于洛杉矶根据录音整理）。

是停滞不前，而是从挫折中汲取教训；那么，以后处世就会更成熟，更谨慎，更加努力。丁肇中属于后者，他没有因为这次的不如意而停滞不前，而是迈向了更高的境界。

这件事也引发了人们对招生制度的思考。许多年以后，丁肇中成了世界著名的大物理学家，并且获得了科学界的殊荣——诺贝尔物理学奖，这个讯息传到当年那位主考人的耳边时，那位主考人非常懊悔当年自己竟错过了吸收如此优秀的学生进台湾大学的机会，他为自己未能慧眼识英才而后悔不迭，从而怀疑这种一榜定终身的做法未必可取。

这是题外话。

进入这座以民族英雄郑成功的名字命名的大学以后，起初，他读的是机械工程系。他常常是走出课堂就进图书馆，在图书馆里埋头读书，直到找到自己满意的答案为止。

在大学读书期间，丁肇中全身心地用功读书，极少参加其他活动。他这样做的想法是：大学生尤其是理工科学生，应当把自己的全部时间都用来追求知识，不适合从事请愿或学生运动等这类的活动。

"这样说，也许有人认为我太守旧，不过大学求学的时间很有限，人的能力也有限；不可能在有旁骛的情况下，还能在学术上有所成就。"他说。他认为，学理工的大学生，应当把基础打好，尤其是毕业后要到社会上服务的人，将来学习的机会很少，更要打好基础。学校的责任就是要教学生了解基本知识。

在大学读书期间，他对物理就产生了浓厚的兴趣，而对自己所学的机械工程则缺乏热情。他渴望了解物理学家们的生平事迹。于是，在探索物理学的同时，他又以极大的热忱和好奇心，潜心研读起物理学家们的传记来。爱因斯坦、居里夫人、伽利略、法拉第……他怀着虔诚的心情边阅读，边思索，从各位科学巨匠的生平事迹中体味人生的真谛。其中最使他为之怦然心动的是法拉第的道路。

他认为，无论在成就、人品及背景方面，法拉第都称得上是一位伟大人物。法拉第出生于一个贫苦铁匠家庭，这说明一个普通人只要是肯干，肯自强，也可以有伟大的成就。

读了法拉第的传记，他在日记中写道："法拉第很喜欢独立思考，对于书本的结论，哪怕是著名权威的话，他也决不轻信。只要条件允许，他总要设法亲自检验一番。法拉第很爱做实验，他的零花钱几乎全省下来买实验用品。钱不够就想其他办法，有时候连饭桌上的食盐也被他拿来做实验了。今后，我也要像法拉第一样，尊重事实，不迷信权威。"①

转眼间，暑假来临。丁肇中兴致勃勃地从台南回到了台北的家中。一天，他郑重其事地和父母谈了自己想改学物理的想法。

"呵，你对物理产生了兴趣？"父亲问道。

"是的，下学期我想转到物理系读书。"丁肇中毫不犹豫地回答说。

听了这番话，父亲沉默了，心想："各种工程需要的是精密技术，只要一个人有了技术，不管好坏都能混饭吃，可是学物理就不同了，学物理的人必须头脑清楚，否则就很难创新；再说，物理学是各国科技界优秀人才云集的领域，要想在这个领域里做出出人头地的成就是不容易的。"想到这些，便想劝说丁肇中放弃改学物理的念头，说道："你要知道，如果学机械工程，不论学得好，还是学不好，都可以有饭吃。要是学物理，那可就不同了，这是一门需要具备上等才能的人才有希望取得成功的学问。你如果改学物理有把握取得成功吗？"

---

① 周金品，晓明. 通向 J 粒子的道路［M］. 武汉：湖北科学技术出版社，1988：47.

在丁肇中的心目中，父亲是一位学识渊博、见多识广的学者，因此，他一向十分尊重父亲的意见，在这个选择终生职业的重大问题上，父亲的意见毫无例外地也是要慎重考虑的，但是，这时的丁肇中虽说还是个初出茅庐的青年，但却不是血气方刚、单凭一时的感情冲动行事的毛头小伙子了。经过大学一年的实践，尤其是法拉第的奋斗经历始终萦绕在他的脑际，思忖片刻，他坚定地回答说："我想只要我埋头苦干，我会成功的！"

父亲听了，欣慰地笑了。

丁肇中听了父亲的话，兴奋地走到母亲身边问道："妈，你赞成不赞成？"

他母亲微笑着，用鼓励的口吻说道："我当然赞成。不过，你要记住一点，不管你学哪一行，你一定要成为那一行里面的佼佼者，你知道吗？"

丁肇中听了，笑了，他说："我会的！"

又过了些日子，正当他准备改学物理时，一个不期而至的机遇——去美国读书——来临了。

这是 1956 年的夏天，丁肇中决定重返自己的出生地，进入美国密歇根大学读书。

事情就这样决定了。丁肇中的心情是既兴奋又有些忐忑不安。

"离开就读一年的成功大学，结束了在国内的 8 年基础教育，这段教育为我日后继续研读与深造提供了很坚实的基础。"丁肇中说。①

离开父母的日子临近了。他对自己的出生地既心驰神往，然而却又感到有些茫然。美国和台湾相距万里之遥，虽说是出生地，在那里却又举目无亲，到美国读书谁给自己承担昂贵的学费和生活费用呢？平时，他从报纸上看到有很多美国青年学生不依赖父母，而是依靠自己的劳动所得完成大学教育，

_____

① 摘自丁肇中文章《一百元美金与诺贝尔奖》（梅新、戴瑜于洛杉矶根据录音整理）。

他非常赞赏这种做法，心想："我也要自食其力地完成大学教育。"

光阴荏苒，转眼就要去美国了。父母见他没有流露任何依赖和畏难情绪，而是对自己的力量和前途充满了信心，因而也就放心了。随后，他又邀集了几位平时要好的同学，或来家相聚，或外出游玩。

同学们担心他的父母靠着微薄的薪俸供他到美国读书，并非是件轻而易举的事情，因而对此表示担心时，丁肇中说："我也不知道将来会发生什么事情。我从报纸上看到美国青年在寒假和暑假期间打工挣学费，我想美国青年可以靠自己的力量读书，我为什么不可以呢？"

"你的父母同意吗？"

"我和他们谈过了，他们也很赞成。"①

关于丁肇中赴美国读书的前后经过，丁观海教授在记述中说道："1956 年 9 月肇中到密歇根大学，寓 G. C. Brown 院长家。1957 年我自台湾大学休假恰得 Brown 及伊利诺伊大学邀请办理来美，暑期到达纽约，隽英时住 119 街大学旅馆，肇中亦在纽约，工作于餐馆中，每周小费交母存一小罐中，我由顾毓秀介绍在费城一工程公司工作，每周末返纽约与隽英小聚，冬隽英赴欧洲各国游历……我于 1958 年初离公司去俄亥俄州 ATHENS（雅典城）俄州大学土木系任教。暑假肇中曾南下会面，年底接隽英通知迟太夫人（即丁肇中的外祖母迟瑞香）病逝，我因合约届满，及种种关系，亦于年前返国，下机后见隽英脸色，心情即沉重异常，第二天全家去六张犁祭奠……"②

单枪匹马地去美国读书，就意味着自己决心置身于激烈的竞争环境之中。许多年以后，丁肇中说："到大学后期或当研究生，就要对某一门课程深入钻研，学自然科学的，就要能够找到自然现象与理论的矛盾，并且想办法展示

---

① 吕一铭，薛兴国. 丁肇中的昨天和今天 [M]. 台北：联合报社，1976.
② 摘自丁观海教授记述。

出来加以解决。对所有学生有一条共同要求，就是任何时候都不要死读书，不要被分数牵着鼻子走，而要善于独立思考，勤于自己动手，使自己具备竞争的能力。"①

回忆自己的青少年时代，丁肇中对传统的教育制度并不是很赞同，他说："东方学生很会考试，很会背公式。会考试并非不好，但是会考试并非代表一切。很多会考试的人，对公式背后的意义并不很了解。"

丁肇中说："许多杰出的科学家读书成绩并不一定第一、第二……"

他在台湾成功大学读了一年便出国了，到了国外他是如何摆脱掉刻板的背诵与思考的习惯呢？有人向他提问时，他回答说："可能是我比较好奇，也许是我的胆子大！"②

---

① 竞争出人才，竞争出成果：访著名物理学家丁肇中教授 [N]. 中国青年报，1980 – 10 – 04.

② 摘自张必瑜专访。

重返底特律

有人问丁肇中，为什么选择实验物理生涯？他说："我念大学时，原来也想念理论物理；进研究所初期也在做群论的计算。我在研究所（密歇根大学）的第一个夏天，有位教授问我肯不肯去加州做一份实验物理的暑期工作，如果同意去，他们将负责我和我妻子的旅费，因为我未去过加州，便一口答应了，就这样与实验物理结上了缘。"

1956 年 9 月 6 日，台北机场人群熙攘，伴随着飞机起飞和降落发出的巨大轰鸣声，丁肇中的心情很不平静。这是一个令他终生难忘的日子。这天，他穿着崭新的西装，提着一只手提箱，兴奋地登上了一架 DC‒7 飞机，就这样踏上了奔赴美国求学的遥远的航程。

飞机起飞以后，很快便进入了无边无际的茫茫云海。丁肇中坐在飞机的舷窗前，凝视着窗外连绵起伏的云海，陷入了沉思。在这之前，父亲、母亲和学校里的老师曾经不止一次地对他讲述过有关他的诞生地——底特律城和密歇根大学的情况。年纪稍长之后，他自己也曾不止一次地从书籍和报刊上阅读过有关的介绍，想象中的底特律是个非常繁荣发达的城市，那里有闻名遐迩的密歇根湖，这不是个一般的湖泊，而是一个可以停泊远洋巨轮、直通大西洋、给附近的芝加哥和底特律等著名城市带来繁荣的大湖。20 年前，自己就诞生在这片遥远而又陌生的土地上……想到就要踏上自己的诞生地，并且要长久地在那里读书和生活下去，他还是很兴奋的。可是，又想到那片朝思暮想的地方虽说是自己的诞生地，但除了只见过一面的和蔼可亲的布朗教授之外，自己在那里几乎是举目无亲。

这天，他乘坐的那架 DC－7 飞机，是架颠簸不定、多次起飞又降落的飞机。从台北起飞以后不久便降落在了东京机场上，然后又飞；飞了一会儿又降落在了琉球群岛上；再飞，在阿拉斯加再次降落；又飞，又降落在了西雅图。起飞，降落，降落，起飞，使乘客们历尽了颠簸之苦，这架在浩瀚的大洋上空走走停停的飞机，最后总算安全地降落在了底特律的机场上。

下了飞机，丁肇中随着人们走出机场，他望着川流不息的小汽车和栉比鳞次的大厦高楼，心中既兴奋又惶恐。

随后，他风尘仆仆地走进机场附近的一家餐馆吃了一顿饭，花了 1 美元。对于这样一件小事情，如若是一般人也许根本不假思索，从而采取无所谓的态度，而他却不是这样，凡事爱动脑筋，总要问一个为什么。吃罢饭，他一路走，一路寻思，他心想："我从家里出来的时候，只带了 100 美元，认为这个数目超过了需要，如今来到美国，吃了一顿饭就花了 1 美元，照此下去再吃 99 顿饭，我就没有钱了……"想到这些，心中不禁泛起了一种从未有过的紧迫感。从小在父母身边备受疼爱的他，突然感到自己长大了，乍一置身于这陌生的国度、陌生的环境、陌生的人群，他不免有些茫然不知所措了。于是，他不顾旅途的劳累，走出餐馆便匆匆地直奔密歇根大学。①

———————————

① 丁肇中教授采访谈话，1988 年 10 月于欧洲核子研究中心丁教授办公室。

过后，他这样述说自己当时的心情，他说："抵达美国时，我才 20 岁，住在布朗教授家中。当时，我只会一点点英文，同时对美国的生活费用毫无概念，在中国时我曾从书报中知道，许多美国学生自食其力完成大学教育，因此我告诉父母我也要如此。1956 年抵达底特律机场，我身上只有 100 美元，我认为这个数目超过了需要。加上我不认识任何人，交谈有困难，心中很害怕。第一年，便在语言不通、生活环境不同、学习困难的情况下度过。由于我依靠奖学金念书，我必须十分用功，以保有这份奖学金。"①

在密歇根大学注册入学之后，起初，他并没有住在布朗教授家中，而是和中国到美国的留学生一起，住在一幢房租最便宜的公寓里，只住了一个星期，他便住不下去了。他心想："现在，我是在美国，在这里和中国学生住在一起，吃的是中国饭，讲的是中国话，这和在中国有什么不同呢？"

他始终认为，中国学生到美国读书，要能立足，并且干一番事业，就必须融入美国的社会里，去了解美国人和美国社会。否则，中国人总是和中国人在一起，和美国人根本不接触，也根本不了解美国社会，这样做是很难在美国立足的，更谈不上到美国社会里去参与竞争，因为中国人在美国社会里毕竟是极少数人。

想清楚道理之后，他随即坚决地从中国学生住的公寓里搬了出来。乍到美国，人地生疏，在这生活费用异常昂贵的底特律城，到哪儿栖身呢？他不得不求助于布朗教授。于是，他怯生生地走进了密歇根大学工学院院长的办公室。寒暄过后，布朗教授询问他到美国后的情形时，他说："亲爱的布朗教授，来美国后我和中国学生住在一起，这使我很难了解美国人和美国社会，我想和美国人住在一起，但又不认识人。"

――――――――――

① 摘自丁肇中文章《一百元美金与诺贝尔奖》（梅新、戴瑜于洛杉矶根据录音整理）。

布朗教授笑吟吟地听他讲完，爽快地说道："那你就搬到我的家里来住吧！"

就这样，他搬到了这位老教授的家中。布朗教授是他父母的老师，年轻的丁肇中的到来，给老教授的家庭带来了生气，老教授和妻子自然是异常欣喜，他们专门为丁肇中腾出房间，供他读书和住宿。日子过得很快，从1956年到1960年，在长达4年的时间里，丁肇中到美国后从读大学到念研究生，一直都住在布朗教授的家中。4年里，白天，他到密歇根大学刻苦读书，课余时间，在布朗教授家里，他结识了许多到布朗教授家中做客的美国人，以及其他欧美各国的人士。在来访的客人中，有大学教授、学生或是学者，还有些是美国工业界的著名人士。每当有客来访，布朗教授总是乐意引荐这位自己视为忘年交的得意晚辈。遇到这种事情，年轻的丁肇中并不怯场，他总是高兴地参加进来，用英语参加主人和客人们的谈话，渐渐地与之交往的美国人愈来愈多。

在丁肇中的记忆里，不记得地处亚热带的台湾下过雪。而北美洲的底特律城，在隆冬季节却是另外一番景象。1956年11月的一天，底特律一带，忽然间纷纷扬扬地下起了鹅毛般的大雪，密歇根大学的校园里及布朗教授家的庭院里，转眼间变成了白茫茫的冰雪世界。丁肇中下课后，见教授夫人正一个人吃力地清扫着院子里的积雪，于是，他赶忙拿起工具帮助教授夫人扫起雪来。①

刚到美国时，他并非一切顺利。

他回忆说："在密歇根大学里，第一年我作为工学院的学生学习一年级学生的通常课程。对我来说，那是非常艰难的一年，我不仅不懂当地语言，而且几乎没有钱养活自己，我只有刻苦学习，始终保持优等生的地位，用获得

---

① 丁肇中教授采访谈话，1989年10月于欧洲核子研究中心丁教授办公室。

的奖学金来继续我的学习。在上大学二年级的时候，我请求学校允许我多学一些研究院的数学、物理和物理化学课程。学校通知我说，如要这样，我必须离开工学院转到物理系去。于是，我离开了工学院。在 6 年之内我取得了物理和数学的学位并且获得了物理学博士学位。一直到现在，这个学校还仅有极个别的学生在这么短的时间内通过这些学位。"①

许多年以后，丁肇中回忆刚到美国时的情景说，读了一年以后，我想在二年级修几门理学院研究所的数学课程，不料被工学院老师拒绝了，理由是：第一，你不是理学院的学生；第二，你才二年级，除非你不是工学院的学生，要不然，就不准。结果，丁肇中马上就转到了理学院，不但遂了心愿，并且投入了物理世界。

后来，谈起这段往事，他像个顽童似地笑着对人说："这一切是在 5 分钟之内决定的！"

又说："到目前为止，看起来这个决定并没有错！"②

"1959 年，利用奖学金学完 3 年以后，Ting 获得了工程物理和工程数学的科学学士学位。他立即在密歇根大学开始了研究生课程。到 1962 年，Ting 用了 3 年多的时间获得了硕士和博士学位。

"物理学名誉教授劳伦斯·琼斯共同主持了 Ting 的论文答辩会。琼斯说：他的确有学术上的天赋，而且是个分秒必争的年轻人。Ting 也考虑了在密歇根大学任教的著名的理论物理学家乔治·乌伦贝克尔教授指导下继续博士研究工作。但是乌伦贝克尔建议他修的课程似乎需要用比 Ting 设想的用在学校里的时间要长。因此，他选择了我和 Martin L. Perl（马丁·波尔当时在密歇根大学任教，离开密歇根大学后于 1995 年获诺贝尔物理学奖）主持的实验课

---

① 丁肇中. 在探索中：一个物理学家的体验［J］. 青年科学家，1982（1）.
② 摘自贾亦珍《谈培养科学态度丁肇中现身说法》一文。

题……Ting 在密歇根大学研究生院的同学侯默尔·尼尔，现在是密歇根大学的名誉校长，也是在瑞士日内瓦的 CERN 实验室进行的 ATLAS 实验的物理学家。他说：我们当时共用实验室地下室的一间办公室。他（Ting）的办公桌比我的大，但是我知道他很大方，因他比我早几年毕业，他把他的桌子给了我。"①

在学校里，丁肇中的考试成绩是相当好的。更重要的是，在大学期间，他有机会缜密地研讨了整个物理学，并且突破书本描述的局限去理解物理现象。对于确实不理解的事物，他总是提出问题而不是含糊回避。尽管这时他仍有英文表达上的很大障碍，但他仍然比其他同学问的问题多。

后来，他在香港中文大学获得荣誉博士学位的演讲中也谈了类似的想法。他说："我是在传统教育里长大的。到美国进大学念物理的时候，起先以为只要很'用功'，什么都遵照老师的指导，就可以一帆风顺了。但是事实并不是这样，一开始做研究便马上发现不能光靠老师，需要自己做主张，出主意。当时因为预先没有内心的准备，不知吃了多少苦。最使我彷徨恐慌的，是当时的惟一办法——以埋头读书应付一切——对于实际的需要毫无帮助。"

丁肇中幽默地说："就读密歇根大学研究所时，我和一般沉默寡言的中国学生不同，很喜欢发问，一点点疑问总要追根究底，大约很令教授们头疼，所以我离开密歇根大学时，竟然有令这个大学的教授们松了一口气的感觉。"②

丁肇中认为，作为一个科学家，最重要的是不断探寻在教科书之外的事，对该学科有更深入一层的理解，有能力去独立地思考各种物理现象的本质，

---

① 摘自林健译凯特曼·李（Lee Katterman）《诺贝尔物理学奖得主 S. C. C. Ting 与密歇根大学有着悠久联系》一文。

② 摘自丁肇中文章《一百元美金与诺贝尔奖》（梅新、戴瑜于洛杉矶根据录音整理）。

这样，才能在面对占压倒优势的反对意见时，毫不胆怯地去迎接挑战。

1957 年夏季来临。

这是丁肇中到美国后的第二年。这年夏天，丁观海和王隽英教授也先后从台湾到了纽约。一家人在美国相聚，自然是欣喜异常。这是丁肇中到美国后头一次去纽约。他在《J 粒子的发现：个人的回忆》一文中写道：在 1957 年，当我在纽约做暑期学生的时候，我读到的《原子光谱》（1937）一书，从而我头一次知道光子的概念和它在原子物理上的作用。大学毕业以前，我的父亲送给我一本《量子电动力学》（1957），作为圣诞礼物。在密歇根大学念书时，我把这本书仔细研究，自己算出许多书里的方程式。后来，在哥伦比亚大学做助理教授时，我看到了 S. Dnele（1958）的一篇文章，指出各种利用高能加速器来测验短距离量子电磁论的意义……

回想那些日子，丁肇中说："父亲在我的求学阶段扮演着很重要的角色。由于父亲所长是数学，对物理学也不陌生，所以我在父亲面前始终不敢充内行，生怕被父亲指出错误，而我每发表一篇学术论文，或学术报告，都不忘给父亲过目……父亲对我的教育方式是完全的放任，和中国父母望子成龙不同，他一向不强迫我读书，但是在我受到挫折的时候，却不忘分担我的痛苦，并且随时给我安慰和鼓励。"

1957 年冬天，他收到了父亲寄来的圣诞礼物——《量子电动力学》。

"祝吾儿圣诞愉快！"看着父亲在书的扉页上亲笔写的祝福话语，他很兴奋。

这圣诞礼物使他爱不释手。进入密歇根大学理学院读书后，他把这本书仔细地进行了研读，自己演算出了书中许多方程式。这本书对他来说是如此重要，由于他认真地阅读，真正理解了这门科学，因而为后来他进行的一项著名实验奠定了扎实的基础。

量子电动力学（英文缩写简称 QED）是研究微观粒子运动的一门科学。这门科学的出现，最早可以追溯到 18 世纪末期和 19 世纪初期。1900 年，德国物理学家普朗克在研究黑体辐射时，首先发现了自然现象中的不连续的量子性质，也就是微观世界的某些物理量不能连续变化，而只能取某些分立值，相邻的两分立值之差，称之为该物理量的一个量子。20 世纪初发现的大量实验事实和量子论的发展，表明微观粒子不仅具有粒子性，同时还具有波动性，它们的运动不能用通常的宏观物体运动规律来描述，德布罗意、薛定锷、海森堡、玻尔和狄拉克等人，逐步建立和发展了量子力学的基本理论，科学家们应用这个理论去解决粒子物理领域里的问题时，得到的结果与实验都是相符合的。这门科学的出现，标志着人类对自然界各种宏观规律的认识，已经从宏观世界深入到了微观世界，大大地促进了原子物理、固体物理和核物理等领域突飞猛进的发展；它的出现，标志着牛顿力学已不适用，因为电磁场的量子就是光子，每一种量子的数值都很小，因而在较大物体的运动中量子化不发生显著的影响，然而对于电子、原子等微观粒子的运动来说，这种量子化的效应却是不能忽视的。

转眼又是一个夏季来临。密歇根大学校园里洋溢着欢声笑语，年轻的大学生和研究生们三三两两地漫步在校园里，或在教室里攀谈。经过几年艰苦的努力，这时的丁肇中已经和刚到美国时判若两人了。他靠着自己的聪明和勤奋，不仅已经熟练地掌握了英文，而且崭露出了在数学和物理方面的才华，同时获得了数学和物理学两个学位。不仅如此，他在密歇根大学读书的 6 年间，还获得了物理学博士学位。这在这个大学的历史上是罕见的。

他不仅考试成绩优秀，而且凡事喜欢独立思考，总爱问一个为什么。因而，他能突破书本描述的局限，去理解物理现象。他对于自己不理解的事物，总要追根究底直到彻底弄明白才罢休，决不不懂装懂，含糊过去，因此，他读书的收获也比其他同学要大。

谈起当时的情景，密歇根大学里和他相处过的教授和同学们的共同感受是："Ting 的毕业，使得教他的教授们不禁都松了一口气！"

这是因为丁肇中在课堂上总爱提问题，而且不问个是非曲直决不罢休，有时候，即使水平很高的教授也难免在备课时有疏忽，而丁肇中在众目睽睽下，却不讲情面地一味地问下去，使得教授们不得不支吾其词，显得尴尬、难堪。

毕业后，他获得了美国奥克瑞奇中心从事粒子物理研究的奖学金，其中包括几个大学的学费和生活费用。在竞争极为激烈的美国，要选择一个能使自己充分发挥聪明才智的工作，是很重要的。为了能找到一个称心的工作，毕业以后，他开始在美国的东海岸各大城市的科研机构和大学中间频繁地奔走，接受不同的面试，经过一番对比和选择，最后，他决定离开底特律，到纽约附近的普林斯顿高等研究所工作。就在这时，一件不期而至的事情发生了。

到了美国，丁肇中可以说是一帆风顺了：他再也不用担心飞机轰炸，也没有遇到蒙面强盗的恐吓，饥饿、疾病、死亡的威胁都如同梦魇般地成了过去。也许正是因为他小小年纪就深知这人世间的种种艰辛，因此，他在读书期间，从不虚度光阴。在同学们的心目中，他是一个和蔼可亲，爱开玩笑，幽默大度，同时又是专心读书、腼腆、矜持的年轻人。平时，除了读书、研究学问外，他几乎从不把时间花在玩乐上，更没有时间谈女朋友，使自己陷入爱情的羁绊。但是，他毕竟到了当婚的年龄。

这是一个温馨的夜晚，密歇根大学校长一年一度为全校优秀学生举办了聚餐会。丁肇中成绩优异，也应邀参加了。这次聚会使他结识了露易丝·库妮·凯。

那天晚上，丁肇中穿着西装，头发梳理整齐，走进了笑语盈盈、灯火辉煌的聚会厅。

在长达几年的时间里，一直埋头读书，很少和人们闲聊的丁肇中，置身于这种热闹的气氛里，亦和在场老师同学侃侃而谈。

在交谈中，遇有陌生人加入时，便彼此介绍认识。

"这位是理学院毕业生，大名鼎鼎的优秀生 Samuel. Ting！"一位同学向凯介绍说。

"你好，我是露易丝·库妮·凯，认识你很高兴。"

刹那间，爱神的箭射中了这两个年轻人。丁肇中用炯炯的目光笑吟吟地望着站在自己面前的黑眼睛、黑头发，端庄、美丽的凯。凯也用笑吟吟的目光打量着这位英俊的杰出同学。半晌，丁肇中问道："噢，你在哪个系里读书？毕业了？"

"我在建筑系读书，快毕业了。"

露易丝·库妮·凯是一位事业心极强的建筑系高才生，她就这样闯入了丁肇中的生活。从这天晚上起，丁肇中和凯便时常约会。凯不仅有很强的事业心，而且很有主见。她认为，一个家庭应该像一艘漂浮在大海中的小舟，船上的人要彼此照顾，互相依靠，随时谅解和安慰对方，在人生的旅途中，共同航行至彼岸。

与凯的邂逅，使丁肇中领略了爱情的力量，也骤然改变了他的生活。他为了不离开凯，在即将启程的时候，放弃了去普林斯顿的计划，决定继续留在密歇根大学。他还写了一封信给父母，说决心要娶凯，远在台湾的父母看了信，都感到意外的惊喜。

1960 年 11 月 23 日，丁肇中和露易丝·库妮·凯在密歇根大学附近的一座教堂里举行了婚礼。他们的婚礼很简单，只用蛋糕和饮料来招待宾客，可是仪式却是相当隆重的。①

这年冬天，丁肇中是在喜庆与悲伤中度过的。他与凯的蜜月还没有结束，一个突如其来的灾难降临——他的母亲王隽英身染重病来到美国求医。

关于王隽英生病和去世的经过，丁观海教授回忆说："隽英身体原甚康健，在我记忆中，只常有脉搏间歇现象。到台湾后曾就心脏科治疗，曾住妇产科医院及台大医院，后就诊中心诊所，经张先林诊断患直肠癌，并即住院动手术……。1959 年春隽英病复发，先后在台湾大学中心诊所治疗，深部 X 光照射。夏天肇民赴美后隽英亦即再度赴美治疗。1960 年春我亦赶至，是年一度出院，肇中与凯及肇民皆到……后隽英病情又有变化，终重返医院，于 1960 年 12 月 3 日逝于 Sloan 癌症医院。"

"隽英一代才华，志行高洁，斯人而有斯疾，信哉天道之无常也，今逝已 20 载，子女各有所立，长子肇中更于 1976 年大魁天下，隽英当含笑于九泉矣！"②

1960 年冬天，是丁观海教授一家永远难忘的一个寒冷的冬天。他和子女肇中、肇华、肇民，还有凯和亲友们，怀着无比悲痛的心情，把他亲爱的妻子、孩子们的母亲安葬在了纽约附近的一座墓园里。

在这之后，丁肇中曾到哥伦比亚大学尼文斯实验室工作，很少有人知道为什么。原来他是为了哥伦比亚大学靠近他母亲的墓园，他可以就近瞻仰凭吊。③

在丁肇中成长的过程中，他的外祖母和他的母亲对他影响最大。王隽英是一位智力超凡、十分杰出的女性，实际上，她不仅是教授，而且还是一位

---

① 丁肇中教授采访谈话，1988 年 10 月于欧洲核子研究中心丁教授办公室。
② 摘自丁观海教授记述。1979 年 6 月于美国麻省勒星顿旅馆。
③ 吕一铭，薛兴国. 丁肇中的昨天和今天［M］. 台北：联合报社，1976.

很活跃的政界人士……。

丁观海、王隽英教授携子女远游台湾后，仍思念故乡。他们的朋友周绍贤回忆说："观海、隽英我之贤师良友，二君念及故乡，泪痕沾巾，谈到国事，灼见在胸，殷切盼望早日实现国父中山先生的夙愿：'振兴中华'。"1960年王隽英病逝。临终前给儿子留下谆谆遗嘱：爱科学、爱祖国、双爱双荣。①

谈起王隽英对丁肇中的影响，丁观海教授说："别人很少能影响他上进的意志。他喜欢任何竞争的环境，更喜欢接受挑战。这是受他已去世母亲教育的影响。肇中的个性和他母亲很相似，在普通环境中，则随遇而安，在较好的环境中，则以出色的表现来应付一切。而且，愈有竞争，表现愈好。"②

---

① 摘自《王隽英传略》（政协山东海阳县委文史资料）。
② 吕一铭，薛兴国. 丁肇中的昨天和今天［M］. 台北：联合报社，1976.

冲破旧思想的束缚

　　丁肇中认为，实验是物理学的基础，他最大的期望就是把以往的理论推翻。实验物理学家就是唯恐天下不乱……

　　在大学读书期间，丁肇中就非常喜欢数学和理论物理，每次考试他都得很高的分数。可是，大学毕业以后，他并没有选择理论物理专业，而是选择了实验物理。是什么原因促使他做出了这种抉择？他说，因为他坚信"实验是物理学的基础"。虽然通常实验物理学家工作环境更艰苦，而且成名比较晚，但他还是选择了这条路。

　　他常对周围的年轻人说，因为旧中国受孔夫子思想的影响，往往瞧不起实验，又加上旧中国实验基础薄弱，没有像样的实验条件，因此从事实验的人寥寥无几，实验科学濒临灭亡。他认为，旧中国科学落后，除了社会原因，对实验科学有偏见也是原因之一。这是后话。

　　大学毕业以后，他感到自己又到了一个需要认真辨别方向的十字街头，是按照常规按部就班地攻读学位，还是独辟蹊径尽可能缩短读学位的时间，尽快从事科学研究。经过批准，他直接进入密歇根大学的研究机构工作。

在密歇根大学物理研究所，他发现这里人才济济，有许多著名的科学家在这里工作。他们当中，有 20 世纪初提出电子自旋理论的著名物理学家乌伦贝克尔，还有琼斯教授、拉波特教授等，当时，乌伦贝克尔教授的年纪已经很大，但他们都很喜欢年轻的丁肇中，喜欢他的刻苦和勤奋。丁肇中朝夕和这些对物理学有很深造诣的科学家们相处，同他们谈物理，谈人生，渐渐地竟成了他们的忘年交。那时，凡是学物理的年轻人，都很崇拜爱因斯坦，梦想和爱因斯坦一样，从事理论物理研究，一举成名。

初出茅庐的丁肇中，起初也曾萌动过这样的念头，后来，他同乌伦贝克尔教授的一次谈话，改变了想法。

"我要是你，就不会这样做，如果我能再从头开始的话，我要做实验，而不是做理论。"乌伦贝克尔说。

"为什么呢?"丁肇中听了，迷惑不解地问道。

"这是因为做 个普通的理论物理学家，没有多大贡献，在理论物理领域里作出重要成就的人只是极少数，例如上个世纪的牛顿，这个世纪的爱因斯坦，以及狄拉克等人，几十年才出一个，还不一定出在哪个国家。因此，我劝你不要从事这方面的研究。"乌伦贝克尔教授说。

乌伦贝克尔教授还说，实验物理结果的每一部分，都十分有用，而理论物理则不然。

丁肇中想了想，觉得老教授的话很有道理，于是，就开始学做实验。

凯特曼·李在《诺贝尔物理学奖得主 S. C. C. Ting 与密歇根大学有着悠久联系》一文中说："密歇根大学的琼斯教授回忆他的这位得意的门生时说：'Ting 体现了三个重要的品质，这三个品质表现在大多数值得获得诺贝尔奖的发现中。他具有创造性的天才和精神力量；他工作刻苦；还有就是他有好运气。'琼斯还说：'Ting 有很强的个性，是一个很强的、有效率的领导者。并且具有那些组织基本粒子物理学经常要求的有用的品质。'"

尼尔补充说："Ting 是一个深刻的思想家，他对所学的东西都有很高程度的分析、关注和奉献。他在我们这个时代最广泛的一些研究中起了强而有力的科学的和有组织的领导作用。"

过了些日子发生的另一件事，使丁肇中最终成为一位矢志不移的实验物理学家。

"Samuel（丁肇中的英文名字），放了暑假，你准备做什么？"琼斯教授问他说。

丁肇中还没有来得及回答，琼斯教授接着说："放了暑假，你愿不愿意跟我和波尔教授到伯克利去做实验？"

琼斯教授对丁肇中说，如果他同意一起去，自己的实验组可以给他和他的妻子露易丝·库妮·凯提供从底特律到旧金山的往返飞机票，以及在伯克利停留期间的生活费用。

事情就这样说定了。

那是一个阳光灿烂的早晨，丁肇中和他年轻的妻子凯，携带着几件简单的行李，从底特律机场登上一架飞往旧金山的班机，开始了横穿美国的长途飞行。登机后，他们透过飞机的舷窗向外俯瞰，映入眼帘的圣佛兰西斯海湾，在阳光的照射下，波光粼粼。就这样，他们从美国的东海岸到达美国的西海岸。下了飞机，他们乘汽车穿过喧闹的旧金山市，穿过长长的、宏伟壮观的圣佛兰西斯海湾大桥，到达了坐落在太平洋岸边的劳伦兹·伯克利电子直线加速器中心。

在叙述丁肇中是怎样在琼斯教授和波尔教授的指导下，利用这个中心的巨型加速器，完成了他的处女作——π 介子与质子的弹性散射实验之前，让我们首先简单地叙述一下什么是高能物理和高能加速器。[1]

---

① 中国科学院高能物理研究所采访笔记。

在我们人类居住的地球上，或是无边无际的浩瀚的宇宙中，形形色色的物质都是由微小的原子组成的。在 19 世纪末期以前，当科学家们还没有打开原子的时候，人们误以为原子就是不可分割的、永恒不变的物质的始元。到了 1911 年，科学家们发现原子原来是由原子核和绕着原子核运转的电子组成的。随着研究原子核仪器和研究原子核设备的不断进步，到了 1932 年，科学家们再次发现，原子核是由质子和中子组成的。又过了许多年，科学家们又发现了许多种粒子，于是，便把它们统称之为"基本粒子"。

在这之后很长的一段时间里，人们又认为基本粒子是组成物质的始元。但是，近年来的实验证实，基本粒子并不基本，它们通过一定的相互作用而转化，相互作用基本上分为四种：引力作用、电磁作用、强作用和弱作用。科学家们按照各种基本粒子参与相互作用的不同方式，把基本粒子分为三类：强子、轻子和中间玻色子。

太阳的能量是很大的，但是，高能加速器运转起来的时候，骤然间能产生相当于 10 000 个太阳的单位能量，随着高能物理学研究的愈来愈深入，人们发现的粒子的结构也愈来愈精细，因而，科学家们设计制造的研究粒子结构的设备也愈来愈庞大，愈来愈精密。

高能加速器的诞生和发展，可以追溯到很久远的年代，意大利科学家伽利略做过一个很有名的实验，他从比萨斜塔上丢下了两个大小不同的物体，从而证实了重力加速度是一个常数，这可以说是那个时代的直线加速器；到了 19 世纪的末期，X 射线的发现，相对地说，也算是当时的高能物理的研究；20 世纪 30 年代，中子的发现，以及后来愈来愈多的新粒子的发现，使高能物理研究的规模愈来愈大，涉及的学科愈来愈多，对仪器精密度的要求也愈来愈高，这是因为科学家们所探测研究的粒子愈来愈小，而且有各种不同的特点。

其实，加速器并不神秘，例如电视机里的显像管，就是一种小型的电子加速器，用的静电场只有 400 电子伏特左右，加速的"炮弹"（束流）是电子，打的靶是屏幕上的荧光物质。

科学家们做物理实验用的加速器中的"炮弹"有很多种，最常用的有电子、质子、氢的负离子或其他较重的离子。"大炮"的威力有两个主要指标：一个是"炮弹"的炮口速度，一个是"炮口"的直径。粒子加速器的指标威力也有两个，一个是粒子被加速后达到的能量，一个是粒子的流强。粒子的能量是以电子伏特来度量的（注：电子伏特是一个能量单位，也就是一个电量等于电子电荷的粒子，通过 1 伏特电位差所获得的能量）。

按照能量划分，加速器可以分为三种：第一种是低能加速器，它能把质子加速到几十万到 1 亿电子伏特，然后打进原子核，产生各种核反应；第二种是中能加速器，它可以把质子加速到 1 亿到 10 亿电子伏特，打到原子核上可以产生介子；第三种是高能加速器，它能把质子加速到 10 亿以上直到几千亿电子伏特，用这种加速器能打出各种各样的基本粒子。

研究高能物理是为了探索微观世界的奥秘，即了解物质的微观结构和相互作用的规律，以便利用它们为人类造福。

高能物理研究的内容，是随着时代而发展的。在 19 世纪末期，X 射线的发现，是当时高能物理研究的结果；在 20 世纪 30 年代，中子的发现是当时的高能物理研究的结果；高能物理当前的研究课题，一方面是寻找"基本"粒子，另一方面是研究各种力的统一。它是现代自然科学的前沿之一。从现阶段看，以粒子能量的数量级来划分，大致 10 GeV 以上的为高能，100 MeV 到 10 GeV 为中能，低于 100 MeV 的为低能。①②

----

① 唐孝威. 正负电子对撞实验 [M]. 北京：人民教育出版社，1985：1.
② "eV" 是能量单位"电子伏特"的符号，1 电子伏是 1 个电子穿过 1 伏的电势差时所获的动能。keV 是千电子伏，1 keV = 10^3 eV；MeV 是兆电子伏，1 MeV = 10^6 eV；GeV 是吉电子伏，1 GeV = 10^9 eV。

　　加速器问世的时间并不是很久。近几十年来，各国科学家已经制造了数百种高能加速器，眼下，世界各国的科学家们正利用这些加速器，日夜不停地探索着粒子世界里无穷无尽的奥秘。

　　例如，科学家们正在致力于探索宇宙中星球上的现象是不是都能用粒子物理来解释？世界是由类点粒子（夸克、轻子）组成的？有多少种电子？电子有多大？电子能不能再分成更小的粒子？有多少种夸克？夸克有多大？夸克能不能再分成更小的粒子？质量的本源是什么？等等。

　　要使上述问题找到答案，世界各国不惜花费巨资竞相研制大加速器，首先不能不提一下欧洲核子研究中心。这个中心的名字来自 Conseil Européen pour la Recherche Nucíeaire 几个法文，简称为 CERN。它在丁肇中的科学生涯中至关重要。

　　丁肇中走出校门以后，向往的是能到这个世界各国杰出的物理学家云集的巨大研究中心从事粒子物理的研究；后来许多年间他所领导的 L_3 实验以及他领导研制的 AMS（阿尔法磁铁质谱仪）也是在这个中心完成的。因此，在叙述他的科学活动中的甘苦、忧愁与欢乐之前，有必要描绘一下这个中心的兴起和发展，以及今日的情况。

　　近半个世纪以来，随着 1945 年 8 月美国用原子弹轰炸广岛，人们对原子和原子核的结构，以及它的应用在世界历史事件中的含义，愈来愈重视，因而欧美各国不惜花费巨资竞相研制各种各样的粒子加速器，以期更深刻地弄清原子核的结构，以提高本国的防卫能力。

　　第二次世界大战期间，欧洲的科学研究饱经法西斯纳粹的摧残，几乎覆灭殆尽。战后，由于科学家们的倾力合作，才挽回颓势。坐落在瑞士日内瓦郊区的欧洲核子研究中心的出现，在欧洲科学复兴的计划中，扮演着举足轻重的角色。

　　第二次世界大战结束以后的第 4 年，也就是 1949 年，法国物理学家德布罗意提出了一项建议：成立欧洲共同的物理实验室。经过几年的酝酿，1953年 12 个国家在巴黎签署协议，决定成立欧洲核子研究组织，当时参与这个组织的 12 个国家明确规定这个组织是为了纯粹的科学研究而设立的，不涉及任何军事目的，一切研究成果都可以公开发表，成为人类共有的知识财产。

1954 年 9 月，欧洲核子研究中心确定建在瑞士的日内瓦近郊。整个实验中心跨越瑞士和法国。经过 3 年的努力，1957 年建成第一个加速器，并且正式投入运转。这个中心最先用来研究基本粒子的高能加速器，是加速质子的同步加速器，这个加速器的能量为 280 亿电子伏特，是当时世界上能量最高的加速器。

在这之后的数十年间，欧美各国各大加速器中心建造的高能加速器的能量越来越高。进入 20 世纪 70 年代，欧洲核子研究中心又增加了一个实验装置，叫作交叉储存环，这个装置共有 8 个相互交错通过的碰撞点。当时，这是世界上初次利用两个质子束对撞来进行实验的加速器。为了进一步深入地了解粒子的微细结构，这个中心又建造了能量为 4 500 亿电子伏特的质子同步加速器，这在当时也是世界上能量最高的质子加速器。

1983 年 8 月，在美国国立加速器实验室召开了第 12 届国际高能加速器会议，来自美、欧、日、苏联等国家的科学家和工程师，相聚在一起交流并讨论了这一领域的最新进展。会议的主要议题是讨论 80 年代末和 90 年代所能运行的更高能量的新型加速器。

这一年，高能加速器做出的最为激动人心、引起国际物理学界极大兴趣和积极反响的事，是他们在欧洲核子研究中心将质子同步加速器改装为正负质子对撞机时，找到了人们期待已久的玻色子（$W^{\pm}$、Z^0 粒子）。它们有什么重要意义呢？

原来在 1967 年，由格拉肖、萨拉姆、温伯格 3 人提出了把弱力和电磁力统一成一个数学模型，并对传递弱力的 $W^{\pm}$、Z^0 粒子做出了明确的预言，

1973 年也是由 CERN 首先得到了与 Z^0 粒子相联系的中性流证据，间接地证明了 Z^0 粒子的存在，到 1978 年，几乎世界上各大高能加速器中心相继地在加速器上完成了类似的实验，肯定了由 Z^0 粒子传递的中性流存在，定量的结果与他们理论的预言一致。当时大多数物理学家一致认为这是一个成功的模型。鉴于把两种力统一起来是 20 世纪物理学的光辉成就之一，他们 3 人于 1979 年分享了诺贝尔物理学奖。

1983 年，CERN 用它拥有的世界最大的加速器找到了与意大利物理学家鲁比亚和荷兰物理学家范德米尔的理论预言完全符合的 $W^{\pm}$、Z^0 粒子。这两种粒子可以传递弱相互作用力，这个发现，把弱相互作用和电磁相互作用统一在了一起，这个发现被认为是这个中心建成之后的第二个重大发现。[①]

科学家们发现宇宙中有四种力，但始终不清楚四种力是怎么来的。半个多世纪间，鲁比亚和他的同伴们因此获得 1984 年的诺贝尔物理学奖。

在欧洲核子研究中心崛起的同时，美国的加速器专家们也不甘落后，20 世纪 50 年代以后，在美国的东海岸和西海岸，也相继出现了许多大的加速器中心，它们是坐落在纽约附近长岛上的布鲁克海文国家实验室、坐落在芝加哥郊区巴塔维亚原野上的费米实验室、坐落在旧金山附近的劳伦兹·伯克利实验室，以及阿贡实验室和斯坦福直线加速器中心。年复一年，美国以及来自世界各地的物理学家们辗转在上述各大加速器中心进行各种寻找新粒子的实验，许多震惊世界的著名物理实验和重大发现，都是在这些大加速器中心完成的，一个又一个诺贝尔奖获得者，也在这里产生。

年轻的丁肇中跟随琼斯教授和波尔教授到达伯克利以后，他们多次讨论了关于 π 介子和质子弹性散射的实验计划。实验开始以后，他便在两位教授的指导下，日夜勤奋地工作起来。过后，他回忆说："开始做实验的时候，觉

---

① 摘自中国科学院高能物理研究所、上海硅酸盐研究所及中国科技大学唐孝威、陈和生、郑志鹏、严东生、许咨宗等科学家文章。

得非常困难，因为不懂仪器，没有动手做实验的习惯；后来过了不到一年的时间，逐渐地了解了仪器的性能和操作程序，便不觉得怎么困难了。"

写到这里，不妨讲个小插曲。一次，丁肇中在台湾口试学生。他先问一位学生在大学里做过哪些实验，接着又问用过哪些仪器和工具，学生答后，他又问他用的这些仪器和工具原理何在？结果，谁都答不出来。由此学生们悟道：将来做研究工作时，必须牢记的启示是只有完全了解仪器或工具，才能把仪器和工具运用得淋漓尽致。

丁肇中表示，中国学生对观念性的了解较弱，公式可以背得滚瓜烂熟，但把样子稍微变一下，就把他们考倒了。他说，这并不是学生的错，而是教育制度及教学方法上的问题。

上述考试方法，是丁肇中早在做学生的时候，从没有动手做实验的习惯，不了解仪器的性能，到逐渐地了解了仪器的性能，并且能够熟练地驾驭仪器后悟出来的真谛。也是他到了美国之后，冲破旧中国的传统教育制度的束缚的开始。

1960 年，是丁肇中难以忘怀的一年。这一年，他获得了美国密歇根大学数学和物理学硕士学位；两年以后，获得博士学位，在美国权威刊物《物理评论快报》上，发表了题为《在 3、4、5 GeV/c^2 处的 π 介子与质子的弹性散射》的博士论文。

从这时起，他就善于深刻地、独立思考各种问题，因而才能在走出校门不久，就独立地把握科学研究的方向，并且接连获得了重要发现。

在这之后不久，他飞越大西洋到达欧洲。怀着异常兴奋的心情，来到白雪皑皑的莱拉山下的欧洲核子研究中心，开始了又一次求教名师指点的科学实验。后来，他这样谈到自己的这次欧洲之行。他说："在获得了物理学博士学位以后，许多学校和科研部门向我提供了各种职位，一些职位附有优厚的薪金，另一些职位则有比较重要的地位。而我选择了一个可以使我进一步从事研究的工作，那是在瑞士日内瓦的欧洲核子研究中心。同其他职位相比，它只有 1/3 的薪金，并且任职时间只有一年，但我还是选择了这个职位，因为我渴望能够和欧洲核子研究中心的盖塞普·柯可尼教授一起工作。他是一个有非凡能力的物理学家，在选择物理学研究课题方面具有特别敏锐的洞察力。他能够以一种清晰和简明的方式阐述复杂的问题。"①

"Ting 此后作为福特基金的博士后去了欧洲核子研究中心，在 CERN，Ting 与盖塞普·柯可尼共同用 280 亿电子伏的质子同步加速器做实验。"②

进入欧洲核子研究中心这个庞大的科研机构，乍置身于欧美各国的高手名家之林，丁肇中深切感到自己在学校里学的东西实在太少了。他和凯来到这片到处是青山绿水，到处是碧草如茵的美丽国土上，既无心去游历观赏阿尔卑斯山的胜景，也无心光顾日内瓦琳琅满目的店铺，而是全身心地投入到工作和学习中。一位乐于提携年轻人的教授，往往使得曾经受过教益的后来者和年轻人终生不忘。在丁肇中的记忆里，意大利物理学家柯可尼教授是位可敬的良师益友。柯可尼教授很喜欢这位不远万里前来求教的年轻人。他对丁肇中说："做物理最重要的是挑选一个题目。"

曾经在意大利西西里大学任教的柯可尼，有时晚上和丁肇中一起值班做实验，他给丁肇中讲了许多美丽的西西里岛的故事，他用简单的方法透彻地剖析复杂问题的能力，以及做实验时的耐心和认真负责的精神，都给年轻的丁肇中留下了极为深刻的印象。在欧洲核子研究中心工作的后期，丁肇中产生了一个新的物理思想，他对柯可尼教授谈了自己的想法，柯可尼说："你不妨通过实验验证你的想法。"事后，他依照柯可尼的话做了，果然受益匪浅。

一年以后，他回到了美国，在纽约的哥伦比亚大学物理系担任讲师，这

---

① 丁肇中. 在探索中：一个物理学家的体验 [J]. 青年科学家，1982（1）.

② 摘自林健译凯特曼·李（Lee Katterman）《诺贝尔物理学奖得主 S. C. C. Ting 与密歇根大学有着悠久联系》一文。

时，他只有 25 岁。当时，哥伦比亚大学是从事物理学研究的最好的学校，这所大学有相当多的知名的和有才华的物理学家以及荣获诺贝尔奖的学者，他们都对物理有极大的兴趣和独特的见解。在欧洲核子研究中心工作的一年和在哥伦比亚大学工作的两年，对丁肇中后来的工作都产生了很大的影响。

20 世纪 50 年代的末期 60 年代初期，美国哥伦比亚大学物理系人才济济。在这所大学做物理或教学的科学家，有不少是世界著名的物理学教授，他们当中有拉比、汤恩斯，以及李政道、吴健雄等。

丁肇中在这里仅仅工作了一年就从讲师提升为助理教授。在哥伦比亚大学工作期间，最重要的是他目睹了一些很有成就的物理学家的治学方法。这使他感到，学自然科学或是物理，一定要把所有的精力都用在研究工作中，假如不把所有的精力都用在研究工作中，就不可能取得成就。

丁肇中是一位有着坚韧不拔的毅力和执着追求精神的科学家，他的这种执着精神早在青年时代就很突出，只要是他认为正确的东西，他一定会坚持到底，直到弄个水落石出，无论是什么人，即使是他的顶头上司，或是专家、权威，他决不会屈从于任何不正确的结论。

他说，总结他作为一位物理学家的经验，他认为以下四点相当重要：

第一，我总是选择我对之感兴趣的课题，并且力图去彻底地理解它。

第二，不论反对意见多么强烈，我始终坚持对我的科学观点的探求。

第三，我不断地对我自己的实验结果和能力表示疑问。为此，我总是反复地检查自己的工作，这样，我们到现在为止实验结果还没有出过错误。

第四，我常常意识到我的能力是相当有限的，只有刻苦地工作，我才有可能在某个特殊的领域中取得优异的成绩和做出贡献。①

正是基于上述想法，使得他在实验物理领域里总是立于不败之地，以至于不久便做出了那次使前辈物理学家感到意外的实验，从而使他一举成名……

---

① 丁肇中. 在探索中：一个物理学家的体验［J］. 青年科学家，1982（1）.

捍卫量子电动力学的实验：
证明 QED 是毁灭不了的

这个实验是丁肇中和他的同事们迈向诺贝尔奖的第一块基石……

捍卫量子电动力学的实验，使丁肇中一举成名，但这次实验却并非是偶然发生的，而是他一直认为的：任何科学理论都应该经得起实验的检验。在他看来，物理学、生物学、天文学，都是实验的科学，任何理论都是根据实验产生的，理论与实验不符的话，那么，理论就应该被推翻。

丁肇中在哥伦比亚大学工作的第二年，从坐落在波士顿查尔斯河畔的哈佛大学电磁实验室里传出了一个使得物理学家大为震惊的实验结果：有位著名的教授做了一个光子产生电子对的实验，宣称首次观察到了与量子电动力学（英文缩写简称 QED）预言相违背的实验现象。也就是说，量子电动力学错了。

哈佛大学教授们的上述实验是 1964 年做的。在美国，哈佛大学有台电子加速器，实验是在这台加速器上进行的。教授们说，他们做的光子产生电子对的实验，测到了电子的直径，实验的结果表明，量子电动力学是错误的。第二年，也就是 1965 年，美国康奈尔大学的教授们再次重复了这个实验，宣称所得的实验结果和哈佛大学教授们得到的结果是一致的。

1966 年 4 月 29 日，哈佛大学的教授们在美国物理杂志《物理学评论快报》第 144 卷第 4 期，发表了题目为《宽角电子对的产生》的论文。论文说："这是一个描述在高能量和在小距离下检验 QED 的实验。在实验室角度 4.60°、6.23°和 7.46°测量了电子——正电子对来自碳的光产生。用一个由双镜像臂组成的磁铁——计数器系统探测了能量范围 1～5 GeV 内对称的电子——正电子对。对实验装置做了广泛的内部检查，实验结果可以重复产生。电子对产额的理论值通过用 Monte-Carlo 技术在实验装置的接收度上积分电子对产生的微分截面来计算。比例尺 $= \dfrac{\text{实验产额}}{\text{理论产额}}$（不等于 1）。实验装置的研究和测量的单电子产额同理论产额的比较提出，实验结果的绝对归一化中存在一个误差。没有证据表明观测到的电子对产额，随动量的变化和宽角电子对在高能的大大超过（理论值）是由于系统误差。"

论文指出："实验结果同 QED 的预言不一致；它们表明 QED 理论的瓦解或有其他过程存在。"[①]

多年以来，被科学家们奉为金科玉律的量子电动力学，就这样被推翻了。由于事关量子电动力学究竟是对还是错的问题，因此，上述实验结果在欧洲、在美国的高能物理学界引起了极大关注。

回忆当时的情景，丁肇中说："在哥伦比亚大学工作的第二年，哈佛大学电磁实验室有一位很有名的教授做了一个光子产生电子对的实验，这个实验证明量子电动力学是错的。我当时想了一想，认为这个实验影响非常之大，

[①] 1966 年 4 月 29 日美国物理杂志《物理评论快报》第 144 卷第 4 期。

有重复的必要，因为量子电动力学是所有物理学中最准确的，从法拉第（M. Faraday）到麦克斯韦（J. C. Maxwell），再到狄拉克（P. A. M. Dirac），所有的实验和理论都是符合的。因此这个实验有重复的必要。"

在这之前，丁肇中曾对量子电动力学理论的完美性及其有关的实验技术的复杂性有深刻的印象。在开始研究这个课题的几个月以后，他决定做这个实验。哥伦比亚大学老资格的同事们，特别是莱德曼教授（他后来是美国费米国家实验室的负责人，"上帝粒子"的创始人，2018 年去世）都对他完成这个实验的能力表示怀疑，因为在这个领域里他没有经验并且缺乏物质支持。莱德曼教授指出在这个领域工作过的人都拥有庞大的实验组和雄厚的物质来源，这种实验他们已做了很多年，因此，他们已是专家了，而丁肇中从没有在这个课题上工作过。不过，莱德曼教授还是友好地允许他能有两年的时间去实现他的想法。当然，当丁肇中在 8 个月内完成了这个实验，并且揭示出量子电动力学的正确性的时候，莱德曼教授和其他人还是非常高兴和惊讶的。这个实验也成为丁肇中的同事们（贝克尔教授、陈敏教授、柏格博士等）和他自己所从事一系列实验的基础。这些实验用以系统地研究光子的特性和寻找重光子类粒子。这些研究导致了对核子内部的光的特性和原子内部的电磁特性的更深刻的理解。①

详细经过是这样的。一天，丁肇中对莱德曼教授谈了自己的想法。他询问莱德曼教授说："我可不可以重复一下这个实验？"

莱德曼教授听了，迟疑地说："这个很困难。第一，你没有做过这种电磁实验；第二，做这个实验要花好几年的时间，用很多的经费，要很有经验的物理学家才能做这种实验，我相信你不能做！"②

① 丁肇中. 在探索中：一个物理学家的体验［J］. 青年科学家，1982（1）.
② 江才健. 大师访谈录［M］. 台北：牛顿出版股份有限公司，1987.

听了上述一番话，丁肇中没有退却。

他的想法是，自然科学不是以多数为主的科学，并没有少数服从多数的原则，正相反，往往是少数人的意见是对的，因而纠正了多数人的看法；历史上，所有自然科学的发展，都是一两个人努力的结果，他们通过自己的认真实践，把从前所有人的观念推翻，重建一套更切合实际的观念。正因为如此，才使得人们对自然科学产生兴趣。科学是不断前进的，今天你不去做这个实验，明天自会有别人来代替你做，科学家的责任是去发现自然的真相，而不是盲目地人云亦云……

想到这里，他毫不示弱地对莱德曼教授说："我认为我可以做得出来，这样，我只好从哥伦比亚大学辞职了！"一年前，他在欧洲核子研究中心访问时，认识了几位德国科学家，他们回到汉堡以后，做了德国电子同步加速器（DESY）的负责人。丁肇中心想："在美国难以检验量子电动力学，我只好到德国去了。"于是，便写信对德国电子同步加速器的负责人谈了自己的想法。信发出去不久，很快便有了回音。正在开始高能物理创业研究的德国科学家们回信表示非常欢迎他去汉堡工作，并且答应给他组织一个实验组，这便是他移师欧洲的开始。也可以说是他科学生涯中第一个里程碑的起点。

临行前，丁肇中向莱德曼教授辞行，直到这时，莱德曼教授对他的想法仍然持怀疑态度，提出要和他打赌。他说："我希望你能成功，但是我认为你不会成功，既然你坚持己见，我要跟你打个赌，我们赌 20 块美金，假如你在两年之内能把这个实验做出来，我给你 20 块美金，不然，你给我 20 块美金！"

"那好吧！"丁肇中说。

到达汉堡以后，德国电子同步加速器中心给丁肇中组织了一个实验组，给他找了几位年轻人做助手，随后，他便带领大家开始了紧张的实验。

他当时的助手、德国物理学家乌尔利希·贝克尔生动地回忆了丁肇中到达汉堡时的情景。①

贝克尔说："1965 年 10 月里的一天，丁教授风尘仆仆地出现在我们的面前，我们开了个会，当他听说做实验需要的磁铁要一年以后才能造出来时，他说等一年的时间太长了；于是，他决定设计另外一个谱仪，当时只有 6 个人，估计 Ting 每天睡觉的时间不超过两三个小时，这是非常不寻常的，为了进行这次实验，我们做了各种计数器，那时德国在高能物理的研究方面，无论是实验设备还是研究水平，都远不如美国。实验是在能量为 6 个 GeV 的加速器上做的，这是德国的第一个加速器，当时是能量最高的，我们先做了两个先锋的试验，讨论得很少，就是赶快做，尽量把工作做好，在取数据时，Ting 没有回过家，他就住在靠近技术厅的屋子里不回去，全神贯注地盯着所有的计数器，根据 QED 理论，用蒙特卡罗计算实验上的计数率，预计取某一个空间角的范围内的电子计数率来进行比较，这是检验 QED 的最好的方法。

"每天晚上做实验，就是看计算器计数，这是非常不寻常的，因为我们都不像哈佛大学教授那样有名，没有告诉任何人我们的结果，如果讲了我们的检验方法，领导就会说你们怎么能那么做！其实，我们每天工作 24 个小时，也没有时间对别人说，太累了，也不想和任何人说。

"Ting 做了非常多的检验，改变实验条件，改变电子学条件，都证明实验结果是对的，Ting 到斯坦福②报告很轰动。QED 是对的，在 Ting 发言以前，许多报告都说 QED 是错误的，并且用各种理论解释为什么是错误的，因而他的报告使参加会议的人们出乎意料。通过这次实验，我们体会到，做实验如果是对自然提问题，就应该睁开眼睛看，而不应听别人怎样说，这样才是客

① 贝克尔教授采访谈话，1988 年冬于欧洲核子研究中心。
② 指坐落在美国旧金山郊区的斯坦福电子直线加速器中心。

观的。"

贝克尔教授说："丁教授报告后，有些人很高兴，有些人不高兴，因为他带领我们通过实验找到了哈佛大学教授们的实验失败的原因。对于物理学家来说，不应看是谁说的，而是应该看谁说得对，QED 是正确的！"

这位德国教授还用流利的英语对笔者说："这个实验使 Ting 非常有名，使他从哥伦比亚大学到了 MIT（美国麻省理工学院），从那以后，他负责我们的实验组，凡是他定下来的事，不允许不办，他的决定一般地说都是对的。"①

德国工程师皮特·柏各斯说："在丁教授到来之前，DESY 是无名的，他成功地带领大家完成了验证 QED 的实验，因此使 DESY 变得很有名。当时工作很艰苦，一天 24 小时，分成两班工作，Ting 白天在，晚上也在实验室里带领着大家干。他对工作要求非常严格，我的妻子住在医院里生孩子，由于不能随便离开工作岗位，我没有去医院，下了班到医院里一看，儿子已经出生了。"②

德国女技术员英格瑞特也难以忘却当时的情景，她说，丁教授到达汉堡以后，要求实验组的科技人员一律讲英语。

"你应当讲德语！"我对 Ting 说。

"虽然我口头上开玩笑，要求丁教授在工作中讲德语，其实我知道他的意见是对的，在工作中用英语交谈，对广泛地交流思想很有好处，晚上下班后，我们就去学英语，直到能顺利地用英语交谈。不过，我发现丁教授虽然要求我们用英语交谈，其实他自己很精通德语，平时只是不讲而已。发现这个秘密后，有他在场的时候，我们便不讲德语了。"③

---

① 贝克尔教授采访谈话，1990 年于欧洲核子研究中心 I₃ 实验办公室。
② 德国工程师皮特·柏各斯采访谈话，1990 年于欧洲核子研究中心 L₃ 实验办公室。
③ 德国女技术员英格瑞特访问谈话，1990 年于欧洲核子研究中心 L₃ 实验办公室。

笔者在欧洲核子研究中心同当时参加这个实验的各国科技人员做了广泛交谈，回忆起当时的实验过程，大家都非常激动。他们说，验证量子电动力学的这次实验十分紧张。丁肇中为了不使大家过分地劳累，他总是找机会请大家吃饭，或是游览，他自己也非常刻苦。

1962 年，德国电子同步加速器中心建成并且投入了运转。当时，德国尚处于战后的恢复阶段，许多年轻人都梦想到美国去。丁肇中使他们的美国梦成为现实。后来，跟随他工作多年的年轻的德国科技人员纷纷移居到美国的波士顿，成为美国麻省理工学院的科技人员。

经过 8 个月的紧张的实验，1966 年 7 月里的一天，丁肇中领导的实验便做出了结果，他们得到的各种数据表明：量子电动力学是对的，哈佛大学教授们的实验错了。

就在这时，一个重要的国际高能物理会议在美国旧金山的斯坦福直线加速器中心召开。

讨论会的中心议题是：量子电动力学究竟是对还是错？

丁肇中闻讯后，立即从汉堡动身乘飞机到达纽约，然后又从纽约到了旧金山，他在飞机上赶写出了实验结果，当他急匆匆地赶到斯坦福直线加速器中心时，参加讨论会的科学家们正在热烈谈论哈佛大学教授们的实验，谈论为什么说量子电动力学是错误的，丁肇中的突然出现使话题骤然逆转。

"我有些新的实验结果，能不能给我 10 分钟的时间向大家报告一下？"赶到以后，他对讨论会的主持者、美籍犹太血统的物理学家、斯坦福直线加速器中心负责人潘诺夫斯基教授说。

潘诺夫斯基教授沉吟片刻，同意给丁肇中 10 分钟的时间。

随后，丁肇中走上讲台，在短短 10 分钟的时间里，他简明扼要地列举各种数据，说明他们的实验结果表明量子电动力学没有错误，不仅如此，他还指出了哈佛大学教授们的实验究竟错在什么地方。最后，他一面在讲台上书写公式，一面用流利的英语幽默地说道："假使哈佛大学物理系主任培普亭教授，把我的实验结果这样改一下的话，那么，量子电动力学就是错误的。"

在场的科学家们听了，哄堂大笑。

短短 10 分钟的时间过去了，近代物理学历史上的这个重大谬误就这样被纠正过来了。事后，丁肇中果然收到了莱德曼教授的 20 美元。

这个著名实验，就这样被载入了史册。①

1967 年 1 月 9 日，丁肇中及其合作者们，怀着十分兴奋的心情，用科学论文的形式，正式公布了这次实验结果。

他们把这篇题为"在小距离下量子电动力学的有效性"的论文，发表在美国物理杂志《物理评论快报》（Physical Review Letters）第 18 卷第 2 期上。作者有：美国哥伦比亚大学物理系 S. Friedlander、Cloidan、S. C. C. Ting；德意志电子同步加速器中心 J. G. Asbury、W. K. Bertram、U. Becker、P. Joos. M. nolide、A. J. s. s. Smith。

丁肇中等人在这篇即将在欧美高能物理学界引起巨大震撼的实验报告中说："为了检验在小距离下 QED 的有效性，我们测量了如下反应：$Y + C \rightarrow e^+ + e^- + C$，产生了宽角电子——正负电子对（$e^+$、$e^-$）的产额。实验是在德国 6.2 GeV 的电子同步加速器上进行的，使用了一个对称的磁谱仪（双臂谱仪）和计数器技术探测正负电子对。"

实验结果表明，对于到虚电子高一次 QED（first-order 达 400 MeV/c）的动量传递，正确地预言了正负电子对的产额。这个结果同早先报道的结果（CEA）矛盾。该结果同 QED 预言有较大的偏离。实验安排做了精心考虑。

_____

① 陈敏、贝克尔教授等采访谈话，1991 年于欧洲核子研究中心 L₃ 实验办公室。

所有计数器的效率都在 1 GeV 电子束上测过（＞99%）。对于随机偶然计数、π 介子对的混入以及系统时间的影响都做了仔细分析并设法压缩到最小限度。正负电子对的理论产额通过两种独立的方法计算，两种方法在 5% 以内符合。

最后实验结果用相对产额对正负电子对的不变质量作标绘。

丁肇中和他的合作者们的实验结果是一条斜率约等于零的直线；CEA 的结果则为一条 R 随正负电子对不变质量上升的曲线。

他们在论文最后宣布的结论是：本实验没有系统误差，QED 的现有形式正确地描述了正负电子对的产生；CEA 的结果同我们不一致。[1]

年轻的物理学家丁肇中和他那种不迷信权威，对待实验极端认真负责的精神，赢得了欧美高能物理学界的热烈赞誉，他的名字也伴随着科学史上的这次重大谬误的被纠正，而迅速地传遍了欧美物理学界，从而也奠定了他在国际高能物理学界的无可争议的地位。这年夏天，美国斯坦福大学特别邀请他前往该校作专题演讲。与此同时，美国各大学都争相聘请他前去任教。最后，他选择了到美国麻省理工学院任教。不过，他和麻省理工学院定了个条件：继续留在德国做实验。这所大学很支持他的想法，答应他不但不必教书，而且在实验的经费方面也尽量地给予支持。从这时起，在长达 40 多年的时间里，他辗转在德国的汉堡、日内瓦的欧洲核子研究中心和美国的各大加速器中心，领导着一个有多国科学家参加的庞大的实验组，借助于上述各大高能加速器中心的加速器做各种高难度的物理实验，不时地传出使人们欣喜的实验结果。

后来，丁肇中在《J 粒子的发现：个人的回忆》一文中回忆说："1965 年 10 月，我承 W. Jentschke、德国汉堡电子加速器所长的邀请，作了第一个正负电子对产生的实验……这个实验证明量子电磁论正确地描写在距离小到约等

---

① 摘自美国《物理评论快报》第 18 卷第 2 期，1967 年 1 月 9 日。

于 10^{-4} cm 的正负电子对产生过程。我们马上把分光器磁铁重调，使得最大的质量接受集中在约 750 MeV，我们观察到正负电子大量增加，显然，这违背了 QED。这个偏差的缘故，是由于强子的贡献，入射光子产生了重光子，就是 β 介子然后衰变成正负电子对，为了证实这个过程，我们另做测量，利用更大的正负电子分散角度，观察到与 QED 有更大的偏差，这是在我们意料之中的，因为当正负电子分散角度增加时，QED 的效应减少到快于强相互作用的效应……"

从这时起，丁肇中就在德国做光子和电子的实验。他在《J 粒子的发现：个人的回忆》一文中说，光和物质的相互作用，是物理学最早的一个研究题目。公元前 4 世纪中国的《墨经》中便有记载。到了 20 世纪许多物理学上的重要发现，都与光线有关。

凯特曼·李在《诺贝尔物理学奖得主 S. C. C. Ting 与密歇根大学有着悠久联系》一文中，在谈到这件事时说："1965 年，Ting 到哥伦比亚大学任教，这时他对正负电子对（e^+ e^-）的生成产生了兴趣（正电子是像负电子一样的基本粒子，但是带有电极）。在哈佛大学刚刚进行的正负电子对的实验引起了 Ting 的注意。因为这些实验看来会对关于电磁辐射和物质的相互作用的理论（推断）预测，提出疑问。这种兴趣导致 Ting 到德国汉堡电子同步加速器中心从事实验。Ting 的研究小组建立了一个新的探测器，这种探测器最终有助于确认关于正负电子对这个理论以及实验结果。

这个探测器的建立是 Ting 和他的同事们迈向诺贝尔奖的第一块基石。Ting 随后在 1967 年加入了麻省理工学院。"

在这之前的 10 年间，由于建造了巨型电子加速器，研制出了能把电子同其他粒子区别开来的复杂的探测器，最后还建立了电子—正电子碰撞粒子束的存储环，大大地增进了科学家们对极高能光量子和基本粒子相互作用本质的认识。而对光和类光粒子（所谓矢量介子，即重光子）之间的相互作用的研究，结果终于发现了一族新的基本粒子——J 粒子就是这个家族的第一个成员。

丁肇中和他的合作者们经过多年的工作后，知道了怎样操纵具有负载循环 2 约等于 3%、每秒约 10^{11} υ 射线的高强度粒子束。并同时采用一个具有大的质量接受区和 $\Delta M \approx 5$ MeV（百万电子伏）的良好的质量分辨的探测器，它能够以远小于 10^8 的倍数将 ππ 同 e^+ e^- 区别开来。

他们设想：有多少重光子？它们的性质怎样？不能想象只有 3 种，而且都有大约 1 GeV 质量。为了解答这些问题，丁肇中同小组成员反复讨论了怎样进行实验的问题。最后，他决定 1971 年在美国布鲁克海文国家实验室的 30 GeV 质子加速器上首先做一个大型实验，通过探测质量高达 5 GeV 的重光子 e^+ e^- 衰变型以寻找更多的重光子。1972 年春天，他提出，不是在光子束上，也不是在当时正在兴建的德国汉堡德意志电子同步加速器中心的碰撞粒子束加速器上，而是在质子束上进行正负电子实验。①

美国布鲁斯·谢克特在谈到这次实验时说："丁肇中是现代实验物理学家的佼佼者。他 15 年来的实验工作改写了教科书，并且绘出了逊原子核世界的新图。例如在 1974 年，他在纽约州厄普顿的布鲁克海文国家实验室，做了一次极其复杂、大胆的实验，揭示了一种完全意外的粒子的存在。这就是'J'粒子，在现被承认的物质世界结构中它不据地位。这一实验促使理论家们赶忙回到黑板面前重新写画。当粉笔灰停止飞扬时，一个物质结构的新原型出现了，以 J 粒子作为其基础粒子之一。"

谢克特在文章中还说："丁肇中显示了神奇的才华，设计出种种实验，足

---

① 《世界科学》编译组.《世界科学》译丛：第一辑［M］. 上海：上海科学技术出版社，1978.

以决定理论家思维产物的成败。他在逊原子碎屑构成的混乱、复杂迷宫中闯出条条道路。迷宫中，能量和物质的区别朦胧不清，而且时间能够倒退。他的每一项实验都给科学界带来期待，引起一阵激动。"①

然而，J粒子的发现并不是一帆风顺的。

丁肇中经常对他周围的年轻人说，科学本身就是严肃的事情，一点也不能含糊。尤其是随着科学的发展，实验仪器越来越复杂，越来越精确，因此出问题的机会也增加了。实验物理学家的任务就是要从复杂的现象中揭示事物的本质。只有严谨的作风才可能做到少出错或不出错，把真伪分开。以J粒子的发现为例，在实验中，J粒子产生的概率很小，在100亿个粒子中，才有1个J粒子。因此，要想发现J粒子是十分困难的。

在那些日子里，他们不知熬过了多少个不眠之夜，耗费了多少心血，当人们在听到丁肇中因发现J粒子而获得诺贝尔物理学奖的时候，也许根本就想不到其中的艰难曲折。

---

① 《神州学人》杂志社. 足迹：杨振宁、李政道、丁肇中、李远哲成功之路［M］.北京：北京语言学院出版社，1989.

秣马厉兵，寻找带颜色的雨滴

有人问丁肇中：寻找 J 粒子有多么难？他思忖半晌，以一个物理学家的睿智答道："像波士顿这样的城市，在雨季的时候，每秒钟也许会降下 100 亿个雨滴，假定其中的一滴雨，有不同的颜色，而我们又非找到那一滴雨不可……"

这个耐人寻味的比喻，说明了寻找 J 粒子的难度。

1972 年来临。

勤于思索的丁肇中，并没有陶醉在已有的成就中。他感到很可能存在许多有光的特性而又比较重的质量的粒子，然而，理论上并没有预言这些粒子的存在。他直观地感到，没有任何理由认为重光子一定要比质子的质量轻。为了研究更重的光子，他们在纽约附近长岛上的布鲁克海文国家实验室的高能加速器上设计了一个实验。在设计过程中，特别是在实验进行的时候，他们遇到了许多的非难。

非难的主要原因是他们设计了一个探测器，它具有极精细的质量分辨能力，因此可以用来寻找长寿命的粒子。这个探测器技术复杂而且造价昂贵。而人们的经验和当时的理论预言都认为：如果有质量大于质子的重光子存在的话，它们的寿命应该是很短的，并且只需要一个简单的探测器。此外，这类实验他以前的老同事莱德曼教授也做过，而他没有发现任何新奇的东西。在绝大多数情况下，丁肇中做实验是基于他对事物的理解，而不是基于理论上的争论。所以，他决定不顾多数人的反对，而去实现这个实验。①

有人曾问丁肇中这个实验有多么难做？他打了这样一个生动的比喻，他说："像波士顿这样的城市，在雨季时每秒钟也许会降下100亿雨滴。假定其中一滴的颜色不同，而我们又非找到那一滴不可。"②

有人说丁肇中是位典型的工作狂热者，说他每天几乎把所有的时间都放在工作上，终日在实验室里度过，担心他这样生活是否有"英雄的寂寞"的感觉？

"我的工作很多，无暇想到'寂寞'，更何况，比我能力强的人有很多，竞争极为激烈，根本无'寂寞'可言。"他说。

他还告诫年轻人：学科学一定要把科学兴趣放在最前面，如果是为名为利，最后只有失望。他说，研究科学和打棒球不一样，打球可以把争第一名作为目标，科学家却不能把获得诺贝尔奖，作为唯一的目标。"假如你不能视科学为生命中最重要的事情，千万不要加入科学研究的行列，免得招致痛苦。"

听了上述一番话，就不难理解丁肇中和他的助手们是怎样排除万难去寻找那一滴带颜色的雨了。

在叙述一滴雨和J粒子的故事之前，先回顾一下在这之前丁肇中和他领导的实验组经历的事情。

验证量子电动力学的实验结束之后，丁肇中一举成为国际知名的青年物

---

① 丁肇中. 在探索中：一个物理学家的体验 [J]. 青年科学家，1982（1）.

② 《神州学人》杂志社. 足迹：杨振宁、李政道、丁肇中、李远哲成功之路 [M]. 北京：北京语言学院出版社，1989.

理学家。然而，这丝毫也没有使他感到满足。在他看来，人生的价值就是不停顿地探索、进步。回到汉堡，他开始考虑做上述更难、更复杂的物理实验。

验证量子电动力学实验的巨大成功，使欧美各国物理学家不能不对丁肇中另眼相看。在这之后，追随者、慕名前来求职者接连不断。

渐渐地，他领导的实验组的名气超越了国界。在他的助手中，又增加了一些从德国和美国各个大学里选拔的优秀的年轻博士。他们和丁肇中朝夕相处，对于他的工作精神和治学态度都有极为深刻的印象。后来，其中他们中的许多人都成为国际上知名的科学家。

丁肇中挑选人通常是这样进行的：先做半个小时的谈话，考察对方的专业、学历等情况，考察合格的先试用一段时间，再审核动手能力和解决实际问题的本领。他说："那种只会说不会动手的人，即便有再好的理论基础，在我这里也是待不下去的。"

许多人都听说过在丁肇中小组工作紧张，每天工作 12 个小时以上的传闻。事实的确如此。实验工作的复杂性、艰巨性以及国际上的激烈竞争，都不允许有丝毫的懈怠。丁肇中常说："不踏踏实实、认认真真地工作，松松垮垮、舒舒服服是搞不好实验的。"他对别人的要求很严格，自己呢，也从来是以身作则。

当丁肇中在美国伯克利的电子直线加速器中心大厅里宣布量子电动力学绝对正确的时候，在台下鼓掌的人们当中坐着一位身材不高、瘦削的华裔青年。这天，他倾听了丁肇中的报告，心想："他（指丁肇中）是一位很有才干的物理学家，他的实验是令人信服的。QED 的毁灭是件很大的事情，因为它是粒子物理领域里唯一可靠的理论，如果 QED 毁灭了，那么，在粒子物理领域里就没有理论可信了，强作用力和弱作用力也都是不可靠的了。"①

---

① 陈敏教授访问谈话，1988 年冬于欧洲核子研究中心 L_3 实验组办公室。

　　这位瘦削然而却很精干的华裔青年名叫陈敏。当时，他正在加州大学伯克利分校读书，听丁肇中做报告的时候，他正在做毕业论文，准备答辩一结束就开始找工作。丁肇中在会上做完报告后，便离开美国回到了汉堡。由于求职求贤心切，陈敏在美国给丁肇中写了一封信，他在信中说："我对您的报告很感兴趣，我很想参加您领导的实验组……"他在信中还谈了自己有些什么长处等等。不久，他便收到了丁肇中的回信。在信中，丁肇中表示欢迎他到汉堡工作。

　　过后，陈敏回忆当时的心情说："伯克利的气候非常好，风景也非常好，半个钟头就可以到沙滩；走上 3 个小时的路程就可以到滑雪的地方。可以说，是个山清水秀的地方，甚至是世界上最好的地方。因此，我离开伯克利的时候，就对自己说一年以后一定要回来。教授也答应我一年以后可以回去做事。结果，这一年就没个完，一套实验接着一套实验，又是一套实验接着一套实验……一直延续到现在。"①

　　当丁肇中在 8 个月里完成了实验，揭示出量子电动力学的正确性的时候，他和其他研究人员是非常高兴和惊讶的。但是，他没有沉浸在无比的喜悦中而停滞不前。这时，他又萌动了迈向更高目标的想法。日复一日，丁肇中不辞辛劳地带领着他的实验组在汉堡的加速器上做光子和电子的实验，通过实验，他渐渐地发现光子并不是没有静质量。当光子的能量很高的时候，会迅速地变成一个粒子，而且有一定的寿命和质量，于是，他给这种现象起名叫重光子，他们共发现了 3 个重光子。这些带有质量的光子的性质和普通光子的性质相同，于是，便分别给它们起名叫 ρ（rho）、Ω（omega）和 Φ（phi）。

　　连续几年的时间，他和助手们夜以继日地工作着，系统地研究了光子和重光子，获得了许多崭新的概念，他领导进行的上述实验，和当时理论上预

_____

① 陈敏教授访问谈话，1988 年冬于欧洲核子研究中心 L_3 实验组办公室。

言存在 3 个夸克的理论很相近。

美国布鲁斯·谢克特在《昔日和今后的丁肇中》一文中说："丁肇中衣着整洁，常穿保守的蓝色工作装，着白色的衬衫，系有整齐条纹的领带……现代物理学需要消费大量的财力和人力，而且需要庞大的实验机器，有点不合常理。为了研究极细微的宇宙作用而需要如此巨额投资，实为咄咄怪事。但是物理学家早已接受的一种相互关系是：珍宝越小，用的锁就越大。这是大自然保护其最珍贵秘密的方式。要开锁就得耗费巨额能量，包括人的能量和物质能量。这也许因为我们还不具有撬锁的聪明才智。但是最聪明灵巧的锁匠要数丁肇中了。"①

诚然，丁肇中领导的高能物理实验，绝非如同撬锁那样轻而易举。年复一年，他们为了寻找新粒子可以说是历尽了艰辛。在他的实验组，来自世界各地各研究所、大学的科技人员，围绕着他制定的课题工作，不敢有丝毫的懈怠。丁肇中对工作的要求十分严格，甚至可以说是冷酷、严厉。通常情况是，每天下午，他召集全组成员开会，仔细地检查每一道工作程序，在讨论工作的时候，人们可以畅所欲言，甚至可以争论得面红耳赤，最后由他做决定，讲好每人应当完成的工作任务，以及工作完成的时间，会后把工作计划打印出来，每人一份，在这之后，人们分头去工作，他不时地检查工作进度，如果工作任务逾期完不成，是绝对不允许的。

一位和丁肇中共事多年的科学家说："做实验就仿佛打仗，知己知彼才能百战百胜，丁教授带领我们做实验，我的印象他是个帅才，是个将。"

凡是在丁肇中实验组工作过的各国物理学家，都说丁肇中工作起来只要是认定方向是正确的实验项目，便锲而不舍。1950 年出生在东京附近的福岛，是 L_3 实验组唯一的日本人，他在日本名古屋大学获得博士学位以后，曾在

---

① 《神州学人》杂志社. 足迹：杨振宁、李政道、丁肇中、李远哲成功之路［M］.北京：北京语言学院出版社，1989.

DESY 丁肇中领导的实验组工作了许多年。他对丁肇中的评价是："极端的刻苦！"他说："Ting 有什么想法的话，决不放弃，一定要坚持到底。"

福岛说："Ting 给了我们表现才能的机会，尤其是年轻人。Ting 定的物理学的目标非常高，他给我们创造了发挥才能的机会。他是最刻苦的物理学家，从不离开工作现场。"①

在德国物理学家的眼里，丁肇中是严肃的，同时又是严格的主帅。在实验组工作多年的德国女技术员英格瑞特用夹杂着德语的英语谈了自己的看法。她说："Ting 有很强的个性，你绝不可能改变他，只能适应他，少说话，多干事。"②

她说："Ting 对工作要求太严格，早期在汉堡，一天开 3 次组会，早上、午后、晚上。要 24 小时在技术厅值班，不仅在技术厅里取数据，而且不能离开，连吃饭也在技术厅里，我有时忍受不了，甚至恨自己的工作……当时，没有吊车，而要改变实验条件又需要吊车，吊车很重，于是，全体在场的科技人员就一起抬吊车。有一次，不同的截取条件要取不同的数据进行分析，有个人的工作没有跟上，他说要等到午后或是晚上才能给出新的结果，Ting 发脾气了，那人立刻就做……"③

笔者在 CERN 采访时，人们讲了这样一个故事："有一天，开会讨论工作，一位亚琛大学的教授在下面小声和人讲了几句话，Ting 发现后，走过来不客气地对那位教授说：'请你出去！到外面讲话去！'于是，那位教授便到房子外面蹲着去了。过了一会儿，Ting 走过去对他说：'请你还是进来吧，我们需要你的智慧。'"

过后，笔者问丁教授是否真的这样不讲情面。他说："有这么回事，大家私人的事我从不干预，但是，对待工作必须从严要求，否则，都马马虎虎，

---

① 福岛访问谈话，1989 年于欧洲核子研究中心 L₃ 实验办公室。
②③ 德国女技术员英格瑞特访问谈话，1989 年于欧洲核子研究中心 L₃ 实验办公室。

各行其是，就很难做出成绩。"

由于丁肇中对工作要求太严格，有时组员们受了批评也难免有些不理解。1979 年秋天，丁肇中访华，在北京饭店记者问他："听说在你的领导下做实验，一切由你一个人决定，是吗？"

思忖半晌，丁肇中说："是的。在讨论工作的时候，任何人都可以发表意见。最后我来做决定。一旦决定了的事情，大家必须执行，不执行或是执行不力，那是绝对不容许的。"

在这次访问中，丁肇中还告诉记者："为了使我的实验组保持蓬勃的生命力，凡是在我那里工作过的人，三五年之后，我就介绍他们到政府部门做行政工作，或是介绍到学校去教书，或者参加别的科学实验。这样做的好处是可以不断地从中选拔出最优秀的人才来搞科学实验。"①

从 1963 年起，在长达 10 年的时间里，丁肇中和他的实验组辗转利用美国和欧洲的各大加速器，精心地研制探测器，深入细致地探索粒子物理鲜为人知的奥秘，他和以他为首的科学家们以精细准确的发现，赢得了国际高能物理学界的赞誉。当然，有时也会遇到激烈的非难，但是，不管反对意见多么强烈，他始终坚持对他的科学观点的探求。最后，在事实面前，人们不得不信服他和他的实验组，及他们所获得的各种实验数据。其中，使许多物理学家难以忘怀的是关于重光子的耦合常数的争论。

物理学家们比喻说，3 个重光子 ρ（rho）、Ω（omega），和 Φ（phi），就好比是一个家族的 3 个兄弟，其中 ρ 最强。20 世纪 60 年代后期，美国斯坦福大学和康奈尔大学的教授们，通过实验测定重光子和光子之间的强度，他们公布的重光子的耦合常数的数据是 1.2，也就是说，凡是强子和带电粒子作用的话，都要经过重光子，因此，重光子的耦合常数代表着作用力的强度。上述数据究竟对不对呢？

---

① 顾迈男. 丁肇中教授谈科学实验［N］. 人民日报，1979－10－07.

这次，丁肇中又唱了反调。他带领他的实验组反复测量的结果，得到的数据却是0.5，也就是说，这个数据与斯坦福大学和康奈尔大学的教授们公布的数据相差一倍以上！他们在维也纳召开的一次关于电子和光子物理讨论会上公布了上述数据后，不料却遭到了非议。与会者们说："从美国的西海岸到东海岸①，物理学家们测的数据都是1.2，只有你们得到的结果是0.5！"因而认为他们得到的数据不可信。②

在激烈的争论过程中，丁肇中思忖着。他心想："物理学不是少数服从多数的科学，我们得到的结果和别人——大多数人不一样，还应不应该坚持下去呢？"

尽管重复做一次实验，要花费一年的时间，而且整个实验过程有几百个步骤，他们反复地检验，对于所获得的各种数据始终深信不疑，他深知自己对于花费如此昂贵的实验经费所做的实验，负有严肃的职责，因而工作起来总是极端认真，倾注了大量的时间和精力。由于每次实验必须24小时不间断地连续进行，于是，丁肇中便把参加实验组工作的各国科学家分成3个班，每班有两位科学家守候在仪器旁取数据，而他自己几乎每天凌晨3点钟就赶到实验室和大家一起工作。

在实验开始以前，他们常常把每个仪器、每条电缆都反复地检查，而且是用几种方法进行检查，他自己不仅亲自参加检查，为了使每个实验数据准确无误，他还制定了一条实验组人员必须遵守的规矩：把参加实验的科技人员分成两个小组，实验完成以后，让两个小组同时分析数据，然后对照。在分析工作完成之前，两个小组的科学家之间不准对口径，以确保实验数据的可靠和准确无误。

因此，当许多著名物理学家对于他们获得的上述数据议论纷纷、疑惑不

①　指康奈尔大学和斯坦福大学的所在地。
②　丁肇中. 物理上没有不变的定律［N］. 青年参考，1987－04－17.

解的时候，他却始终镇定自若。思来想去，他确信自己实验组得到的数据是准确可靠的，是无懈可击的。

丁肇中认为，物理上没有真正不变的定律，这是最基本的。他说："一般人有一个错误的看法，认为会动手的人便会做实验，我在中国的大学里找会做实验的人，常有人说，这人会修理无线电——其实，这与实验完全是两回事情。一个好的物理学家，一定要深刻地了解理论，这是第一点。第二点，做实验有两种人，第一种人跟在理论的后面，理论学家说做这个实验，他便跟着做；第二种呢，自己找题目，题目有了，找出结论来就把整个理论推翻了。"

因此，不论反对意见多么强烈，他始终坚持他的科学观点。后来，直到世界上建成了正负电子对撞机①，各国科学家通过实验，所获得的数据同丁肇中领导的实验组所获得的数据完全相同，直到这时，人们对他们得到的上述数据才确信无疑。一场持续了数年的争论也从此宣告结束。

在高能物理领域里，经过多年的实验和实践，丁肇中清楚地看到，在科学研究领域里，存在着十分激烈的竞争，第一个做出成果的人，被公认是发现者，其后的发现者仅仅是证实或验证他人的发现而已，因此，在物理学领域里，实验被认为是理论的基础，例如爱因斯坦提出的相对论，无疑非常重要，因为它可以预测许多实验的结果，但是，如果没有实验数据的支持，相对论也不会为人所知。验证量子电动力学的实验和重光子的发现，都有力地表明从事自然科学研究，绝对不能人云亦云。

――――――――――

① 正负电子对撞机是由注入器和储存环组成的一种高能加速器。通常用直线加速器作为注入器。先把正负电子分别在直线加速器里加速到足够的能量，然后分别注入储存环。目前世界各国已经建成并正在运转的正负电子对撞机有法国（DCI）、中国（BEPC）、美国（SPEAR）、德国（DORIS）、苏联（VEPP－4）、美国（CESR）、美国（PEP）、德国（PETRA）、日本（TRISTAN）、西欧各国在日内瓦郊区建成的（LEP）以及美国（SLC）。（见唐孝威《正负电子对撞实验》一书）

丁肇中坚信，事实已经不止一次地说明，自然科学不是以多数为主的科学，并没有少数服从多数的原则；相反地，往往出现少数人掌握真理的情况。科学是不断前进的，今天你不去做这个实验，明天自然会有别人代替你去做，科学家的责任就是去发现自然的真相。

"我渐渐地领悟到，研究自然科学，一定要把所有的精力花在研究上，如果不能把所有的精力花在研究上，就不会取得成绩。"他说。

在丁肇中看来，一个优秀的物理学家应当具备三个条件：一是能选题目；二是能看清物理发展的方向；三是坚持自己认为是科学真理的研究成果。

"坚持并不是说最后一定是对的，但是如果要想打破旧的观念，就必须坚持自己认为是正确的，否则遇事见风转舵，人云亦云，或是为了哗众取宠，重复错误的东西，就会以讹传讹，使谬论流传。"他说。

为了求取科学真理，年复一年，丁肇中带领他的实验组日夜含辛茹苦地工作着。

光阴荏苒，转眼间，丁肇中与露易丝·库妮·凯已经结婚数载，他们的两个女儿：明隽及明美都已长大。但因丁肇中终年忙于工作，很少回家，女儿们老是抱怨见不到爸爸。怕与家人太疏远，他也尽量抽时间回去和家人团聚，但又太迟了，女儿们都先后从康奈尔大学毕业了。

"Ting 睡觉非常少，平时累了就趴在桌上睡一会儿，一般人坐飞机不能休息，Ting 在飞机上睡得很好，他下了飞机就工作。"德国女技术员英格瑞特说。

凡是到丁肇中工作过的地方的人，对于他忘我的工作精神都是有口皆碑。

"他的眼睛大，目光炯炯，讲话时一直看着人，很认真，很专注……每日十几小时埋头在实验室工作，怎么可能？枯燥的实验工作竟没有弄皱他的脸，染白他的头？"一次，马来西亚星洲日报记者叶特生疑惑地问。

丁肇中回答记者说："我完全靠工作来激发充沛的精力，工作就是我的兴趣，兴趣使我不会疲倦。"①

丁肇中出生在一个大家庭中，有一年，他的姑母丁侃从中国大陆到汉堡看望他，他和姑母多年不见，相见后自然是十分高兴，他把姑母安排在自己隔壁的房间里住。有一天，夜已经很深，他还未归，姑母在睡梦中仿佛听见他回来过，次日清晨，蹑手蹑脚地到他房间里一看，人早已不见踪影……原来，丁肇中回来稍事休息，便又回到实验室工作去了，因为姑母见他太辛苦，怕他累坏了，总是劝他休息，于是，丁肇中便把床上的被子做了个仿佛自己还在睡觉的样子，人却早就走了。②

有好些日子，一个新的想法困扰着丁肇中，使他日思夜想，夜不能寐。他心想："为什么光只是变成 3 个重光子？还有没有第 4、第 5、第 6 个重光子？它们在哪里？"

为了通过实验寻找到更多的重光子，他和助手们一次次地设计了新的实验方案，反复地改进了探测器，反复地改变实验条件，到头来得到的结果却并不尽如人意。

"丁教授，这恐怕是个没有希望的实验，您还是放弃了吧！"有的人劝他说。

放弃寻找重光子的实验计划？不，凡是他认准的事情，就一定要弄个水落石出，中途退却不是他的作风。如果说，验证量子电动力学的实验，是他科学生涯的第一个里程碑，那么，他坚持认为探索无止境，还一定有第二、第三个里程碑。探索正方兴未艾，怎能中途罢手呢？

1970 年，美国麻省理工学院给丁肇中单独一栋 Cyclotron 实验室，汉堡大学也给了他一栋招待所，纽约长岛的布鲁克海文国家实验室，同意采纳他的

---

① 摘自星洲日报叶特生文章：《丁肇中在日内瓦做惊人实验》。
② 丁侃访问谈话，于丁侃家中。

合作研究计划。于是，丁肇中便在这三个实验室之间往返奔波。后来，欧洲核子研究中心也邀请他参加。

由 1967 年到 1971 年，"是他（丁肇中）最辛劳的时期，他几乎不眠不休地工作，我那时也去了好几趟美国，他的朋友跟我都感到他太辛苦了，医生已发现他患了神经衰弱症，我便劝他休息一下。"丁肇中的父亲丁观海教授说。①

人们的担心是对的。1970 年春季里的一天，丁肇中突然坐在了医生的面前，诉说自己不知怎的竟四肢无力，仿佛患了大病一般。

经过一番检查，医生放下听诊器，说："你患了严重的神经衰弱症，至少要休息一年的时间，才能完全恢复健康。"

"休假一年？还有别的办法吗？"听了医生的诊断，他诧异地问道。

"没有别的办法，这是唯一有效的办法。"医生严肃地说。

"呀，我还有很多工作要做，请你再想想别的办法吧，比如，能不能吃些药？"

他的央求没有说服医生，他感到自己确实是病了，至于得病的原因，他不能不承认是长年累月不眠不休地工作的结果。人们讲得对，自己前面的路还很长，要精力充沛地走完这漫长的、艰苦的跋涉之路，这短短一年的时间必须付出。从医院回来，他告别了日夜不离的实验室和朝夕相处的伙伴们，拖着病弱的身躯回到了波士顿的家中。凯和孩子们终于盼到了和他团聚一年的难得的机会。

这时，丁肇中和他的妻子露易丝·库妮·凯以及两个女儿丁明隽、丁明美，住在波士顿郊区莱克斯顿的一所牧场式的住宅里，凯是位建筑师，她正在设计一个新住宅。在这之前，因为工作需要，丁肇中每年大约要乘飞机横

---

① 吕一铭，薛兴国. 丁肇中的昨天和今天 [M]. 台北：联合报社，1976.

越大西洋 40 次，每隔一两个星期才在家里过一个周末。①

这一年，是他和露易丝·库妮·凯婚后的第 10 个年头，为了工作，他和凯及两个女儿曾经举家迁居汉堡长达数年的时间。由于他所从事的高能物理研究的实验规模越来越庞大，所牵涉的国家越来越多，因此，他虽然把家搬到了汉堡，但他自己却不得不时常频繁地往来飞行于汉堡、美国以及其他的地方，长年过着不安定的生活。为了照顾两个女儿，有六七年的时间，凯不得不放弃工作。

丁肇中曾经歉疚地表示，平时除了工作，他几乎很少和家里人在一起。他幽默地说："在我女儿的眼中，或许我的生活与社会有所脱节，然而，这并不是牺牲的问题，没有人能样样皆能，假如你能在一两件事情上表现卓越，已经是相当幸运的了。"

因而，有时他虽然回到了家中，脑际却依然萦绕着正在进行的物理实验。在波士顿郊区静静的月夜，他在住所附近的林荫路上边散步，边沉思，既往岁月里实验中的得与失，工作中的欢乐与痛苦，一一浮现在眼前。

家居生活，安逸舒适，他的精神和体力逐渐恢复过来。濒临大西洋的波士顿城，空气湿润，草木葱茏。整整一个春天，丁肇中边休息，边思考。这年春天，与其说他是在休息，不如说他是在闭门制订寻找 J 粒子的实验计划。

春天转瞬即逝，转眼间夏季来临。波士顿的雨季开始了。淅淅沥沥的雨下个不停，迷蒙的雨雾笼罩着全城。他伫立在窗前，凝视着窗外纷纷坠落的雨丝，遐想联翩。

在这之前，为了制订寻找 J 粒子的实验方案，他和他的实验组曾经进行了多次讨论。讯息传开后，他的许多科学家朋友不是认为这个实验太难，便是认为根本不会从这个实验中得到什么新奇的东西。各种各样的议论都很使人泄气，意志薄弱者听了这些议论也许会望而却步，而丁肇中却知难而进，

---

① 摘自丁观海教授记述。

因为在他看来，人们的理由都不够充分，许多议论都是基于纸上谈兵的各种理论而已。

过后，他回忆当时的情形时说："1972 年，我感到很可能存在许多有光的特性而又有比较重的质量的粒子，然而，理论上并没有预言这些粒子的存在。我直观上感到没有任何理由认为重光子一定要比质子的质量轻。为了研究更重的光子，我们在布鲁克海文国家实验室的高能加速器上设计了一个实验。在设计过程中，特别是在实验进行的时候，我遇到了更多的非难。非难的主要原因是因为我们设计了一个探测器，它具有极精细的质量分辨能力，因此可以用来寻找长寿命的粒子。这个探测器技术复杂而且造价昂贵。而人们的经验和当时的理论的预言都认为如果有质量大于质子的重光子的存在的话，它们的寿命应该是很短的，并且只需要一个简单的探测器。此外，这类实验我以前的老同事莱德曼教授也做过，而他没有发现任何新奇的东西。在极大多数情况下，我做实验是基于我对事物的理解而不是基于理论上的争论。所以，我决定不顾多数人的反对而去实现这个实验。"[1]

寻找 J 粒子的实验，就这样开始了。

----

[1]　丁肇中. 在探索中：一个物理学家的体验［J］. 青年科学家，1982（1）.

11 月革命——J 粒子的发现

1974 年，丁肇中发现了 J 粒子（J-Particle）。这次发现是如此重要，以至各国物理学家们称之为"11 月革命"（因发现 J 粒子的科学论文在 1974 年 11 月发表），并用"J 粒子之前"和"J 粒子之后"来作为粒子物理学的分界线。丁肇中因此获得 1976 年度诺贝尔物理学奖。

诺贝尔奖获得者、著名物理学家格拉肖说："坦率地说，在丁肇中进行 J 粒子实验前的许多年中，实验物理学是相当枯燥乏味的。J 粒子的发现是那样重要，因而许多物理学家现在划出'J 粒子前'和'J 粒子后'的历史时期。"

丁肇中说：J 粒子的质量是质子质量的 3 倍，寿命比一般粒子长 1 万倍，发现 J 粒子以后，马上发现了一个和 J 粒子同样性质的家族，它的重要性可以这样说，比如世界上所有的人通常活不到 100 岁，假如发现有人有 10 万岁的话，这是很怪的，一定有不同的成分……①

据《中国大百科全书·物理学卷》记载：1974 年，丁肇中发现了一个质

_____

① 江才健. 大师访谈录［M］. 台北：牛顿出版股份有限公司，1987.

量约为质子质量 3 倍的长寿命中性粒子。在公开发表这个发现时，丁肇中把这个新粒子取名为 J 粒子，"J" 和"丁"字形相近，寓意这是中国人发现的粒子。与此同时，美国人 B. 里希特也发现了这种粒子，并取名为 φ 粒子。后来（1975）人们就把这种粒子叫作 J/φ 粒子。J/φ 粒子具有奇特的性质，其寿命值比预料值大 5 000 倍；这表明它有新的内部结构，不能用当时已知的三种夸克来解释，而需要引进第四种夸克即粲夸克来解释。J/φ 粒子的发现大大推动了粒子物理学的发展。为此，丁肇中和里希特共同获得 1976 年诺贝尔物理学奖。

那么，这个非同寻常的新粒子是怎样被发现的呢？

笔者就此问题采访了相关的科学家。下面的记述，就是根据采访记录整理的发现过程。

在美国芝加哥郊区巴塔维亚绿色的原野上，有一个外形酷似英文字母"H"的巨型建筑物。在这个"H"形大型建筑物的四周，是一片渺无人烟的空旷的原野。每逢夜幕降临，"H"形大楼一片灯火，远远地望去，那巍然屹立在暗黑苍穹之下的巨型"H"大楼，宛如宝石翡翠一般，熠熠闪光。

这座"H"形的巨大建筑物，就是世界闻名的美国费米（Fermi）实验室。这座以美籍意大利著名物理学家费米教授的名字命名的实验室，其地下埋藏着高达 200 GeV 的高能加速器。由于这个实验室的加速器的能量当时在全世界首屈一指，因而物理学家们都认为费米实验室是当时全世界的高能物理研究的中心，因此千方百计地跻身于这里从事物理研究。

1970 年的一天，丁肇中对陈敏说："DESY 加速器的能量太低了，不可能找到质量更高的重光子，我们到美国费米实验室去打天下吧，你先去考察一下。"[1]

---

[1] 陈敏教授访问谈话，1991—1992 年于欧洲核子研究中心 L₃ 实验办公室及波士顿陈敏家中。

陈敏就这样离开了汉堡，独自一人到费米实验室考察去了。后来，经过半年的考察，他设计了一个东西，设计工作快要结束的时候，有一天，丁肇中忽然来到了费米实验室。他迅速地考察了一番这个实验室的工作状况，正如一个有经验的指挥员那样，他目光敏锐而又果断地对陈敏说道："我们不能在这里做实验，这里的工作重点太分散了，准备做 500 多个实验，而我们的实验还不知道要安排到什么时候呢，因此，我们不能在这里待下去！"[①]

"那……你的意见，我们到哪里去呢？"陈敏不解地问道。

"我们到布鲁克海文国家实验室去！"

陈敏听了，半晌没有说话。他心想："我花了 6 个月的时间设计的寻找高能光子的束流就这样放弃了，未免太可惜。再说，布鲁克海文国家实验室的质子加速器能量太低，只有 30 个 GeV，不容易找到新粒子，许多人都想离开那里，到费米实验室做实验；现在，他（指丁肇中）却恰恰相反，不在这里的大加速器上做实验，偏偏要到能量不高的加速器上去做实验，实在是不可理解。"于是，他和丁肇中进行了一番辩论，最后，谁也没能说服谁，便分手了。

两人分别的时候，丁肇中再次强调说："我们无论如何也要离开费米实验室，到布鲁克海文国家实验室去，假如争取不到布鲁克海文国家实验室的支持，假如我们的建议书不被他们采纳，我们在美国就无法发展，就要再次回到德国去，而德国电子同步加速器中心加速器的能量已经到了顶点，不可能有新的发现，因此一定要离开费米实验室。"

丁肇中耐心地谈了自己的想法，他丝毫也没有强加于陈敏的意思。但是，为了实验的成功，他也绝对不会轻易放弃自己认为是正确的事情。回到汉堡，他又立即给陈敏打了个电报，意思还是说明为什么一定要到布鲁克海文国家

---

① 陈敏教授访问谈话，1991—1992 年于欧洲核子研究中心 L₃ 实验办公室及波士顿陈敏家中。

实验室的加速器上去寻找重光子。

看了电报，陈敏心想："看来，他的意见只能服从，不能协商了，他的想法也许是对的，费米实验室决定要做几百个实验，我们的实验还不知道要安排到什么时候了。"于是，"我只好放弃了自己的主张"。①

后来，回忆当时的情景，丁肇中说："经过五年来与我的美国和德国研究小组在 DESY 实验室连续不断地工作之后，1970 年春天，我感到精疲力竭了，不得不遵从医生的劝告休假一年。就在我休假的一年中，我有机会跟我的朋友们进行了许多次的讨论，而且有机会仔细地回想一下我的研究小组以前的工作情形，以及阅读有关的新著作，以便考虑我们应该做些什么实验。从我们在 DESY 所进行的早期实验中，我们就有了自己的决定，制造我们认为最适合的探测器。我们在建造探测器时，曾经遭到了许多批评。"②

规模宏大地寻找 J 粒子的实验，就这样在一片反对声中开始了。

在准备工作进行期间，丁肇中以充沛的精力往返奔波于美国麻省理工学院、汉堡的 DESY 和纽约长岛的布鲁克海文国家实验室之间，一方面组织他的实验组讨论计划书，同时，带领着大家日夜不停地研制探测器，并且设法寻找做实验用的大量稀有的材料。

丁肇中在谈到为什么要进行这次实验时，他说过这样一番话，他说："从 1967 年到 1973 年，我们在德国对光子和重光子做了比较系统的了解，这些实验与当时 3 个夸克的理论非常相近。到 1973 年，我想光为什么只变成 3 个重光子？有没有第 4、第 5、第 6 个？就想继续寻找重光子。""为了寻找质量更高的重光子，就搬到美国布鲁克海文国家实验室，那里的质子回旋加速器的能量有 30 GeV，所以我们就设计了一个实验，寻找质量更高的重光子。根据

---

① 陈敏教授访问谈话，1991—1992 年于欧洲核子研究中心 L₃ 实验办公室及波士顿陈敏家中。

② 节译自丁肇中 *Discovery of Massive Neutral Vector Messon* 一文。

十几年来在德国工作的经验，我们设计了一个对质量分辨率特别高，可以达到分辨率1‰的精密仪器，这个仪器可以在极短的时间内分辨电子对和不同的强子对如 π 介子对、κ 介子对和质子对。也就是说，在 100 亿个电子对、π 介子对、κ 介子对、质子反质子对中，如果有一个发生变化，要能找到它。

这是很困难的事情，就好比在日内瓦或台北下雨的时候，通常有 100 亿个雨点，如果在 1 秒钟内有 1 个雨点变成红颜色，你要能把它找到。"①

当时，丁肇中之所以带领他的实验组设计分辨率如此高的探测器，原因是在这之前，许多物理学家都试图寻找过，但都未能找到。他猜想，人们之所以没能找到质量更高的重光子，原因可能是由于探测器的分辨率不够精细，因而失败了。

为了实验的成功，这次他提出的实验计划由于在人力、物力和财力方面耗资巨大，因此，美国能源部（DOE）和麻省理工学院的有关负责人均不赞成，理由是在这个能量区域已经有人寻找过，而无所发现。同时，理论上也推测在这个区域估计根本就不存在重光子。

丁肇中一向认为，物理是实验的科学，因此，他就继续照他原来的计划做了。

就这样，他带着寻找重光子的实验计划，雄心勃勃地走进了纽约附近的布鲁克海文国家实验室。

著名的布鲁克海文国家实验室，坐落在美国的东海岸。走进这里一片连着一片郁郁葱葱的树林，听着小鸟欢快的啁啾，呼吸着从海上飘来的湿润的空气，人们顿时会感到心旷神怡，把在日夜喧闹的纽约城里感受的紧张和疲劳，消除殆尽。可是，丁肇中带领着他的实验组来到这片密林里着手进行工作的时候，却丝毫不感到轻松，反而比往日更加繁忙和劳累。

"事实上，在整个实验过程中，我受到了许多批评！"丁肇中坦率地说。

① 江才健. 大师访谈录［M］. 台北：牛顿出版股份有限公司，1987.

这次实验非常冒险，花费又很昂贵，除了需要设计和建造复杂精密的探测器外，为了屏蔽实验进行过程中原子核分裂时造成的严重辐射，他们在实验区共堆放了 1 000 吨水泥块、100 吨铅、5 吨铀、5 吨皂粉……作为屏障物。

寻找 J 粒子所用的探测器也十分复杂。他和他的实验组根据在德国多年的工作经验，感到要设计能够处理高强度电子对的探测器，能够接受大质量范围并且有良好的质量分辨力，最好的办法就是设计一个大的双臂谱仪。同时，把所有的探测器放在磁铁的后面，使它们不直接"看见"靶子。

双臂谱仪的主要结构是：

（1）靶子。即"炮弹"，用它来轰击原子核，比如用质子打铍的原子核。由 9 片 1.78 mm 厚的铍制成，每片之间的距离为 7.5 cm。这样，从某一片产生而被质谱仪接受的粒子，不通过其次的一片。

（2）磁铁系统。双极磁铁 M_0、M_1、M_2，对带电粒子有足够强的作用力，这使得所有的计算器不直接看到靶子。磁铁安放好以后，磁场在 10^5 点的地方用了空间度的 Hall 测量器测量。

（3）丝室。其中有 8 000 根很细很细的镀金钨丝，丝与丝之间的距离是 2 mm，每根丝都装备有放大器和记录设备，室内充了特别配制的混合气体，以适应高压电和高辐射的环境。所有的 8 000 根丝都不能出毛病，因为修理 1 根需要搬动近 1 000 吨的水泥块。这个丝室很适宜于分辨多路粒子的轨迹，拒收低能中子，不触发所有平面的光子……①

其他还有各种各样的计数器，等等。

在组织这个实验的过程中，丁肇中和他的合作者们遇到了许多难以设想的困难。一天，科技人员在实验大厅里抽真空的时候，不小心发生了爆炸，大气压力引起的爆炸，不仅摧毁了工程师设计的仪器，而且把大厅里的窗都

---

① 《世界科学》编译组.《世界科学》译丛：第一辑［M］. 上海：上海科学技术出版社，1978.

震破了；再就是丝室的研制，也不是一帆风顺的。有段时间，他们发现丝不停地断，天天断，为此，丁肇中和助手们很伤脑筋。

"究竟是什么原因造成的呢？"丁肇中迷惑不解。

有一天，他们把镀金的钨丝拿到化验室的放大镜下一看，发现丝上有许多绿色的气泡，请化学家们分析，发现原来是丝上镀的金在电镀时剥落了，以至于丝和空气中的水分发生了氧化作用，因而产生了水珠和铜锈。查清原因之后，他们便不再把丝室放在空气中了，断丝的现象便没有再次出现。

这是一个一般人很难想象到的大探测器。当 10^{12} 质子的束流射于一个 10% 碰撞长度的铍靶子的时候，实验区的周围立即会产生强大的辐射，如何把探测器和处理数据的计算机及工作人员隔离开，使两者互不产生影响，为此，丁肇中和助手们颇费了一番心思。起初设计时，他们用木头做模型，后来又发现，布鲁克海文国家实验室没有足够的屏障物。

"到哪儿去找这么多东西呢？"丁肇中和助手们很发愁。

1972 年的一天，丁肇中忽然接到了 CEA（哈佛大学剑桥加速器中心）的一份请柬。原来是这个中心要关闭了，请他去赴关门宴。①

这是一件十分引人深思的事情。事情原来是这样的：当年哈佛大学的教授们曾经宣称他们测到了电子的直径，因而在物理学界当众宣布量子电动力学是错误的；过后，康奈尔大学的教授们又再次重复了这个实验，也声称量子电动力学错了。而丁肇中和助手们经过认真地反复地检验，却得出了与此截然相反的结论，从而维护了量子电动力学的正确性。

这件在 20 世纪 60 年代初，在欧美各国高能物理学界曾经轰动一时的事件，使得年轻的丁肇中名气大振。

哈佛大学的教授们是一些胸怀博大、处事坦诚的学者，他们虽然失败了，

---

① 陈敏教授访问谈话，1989 年欧洲核子研究中心 L_3 实验办公室。

在科学真理面前不能不服输，但即使在被迫关门的沮丧时刻，也没有怪罪推翻他们结论的同行们，而是发出邀请，请老朋友、竞争对手来共进关门的宴会。

这天，丁肇中和陈敏等人，按照约定的时间，笑吟吟地走进了哈佛大学剑桥研究所，他们趁宴会还没有开始，便到后面的实验大厅里转了一圈，不料，竟惊喜地发现，这里堆放着许多钢筋和水泥，还有钨丝等，都是他们所急需的屏障物。丁肇中顺手拿了一些钨丝，对这个研究所的所长说："我们不是来吃饭的，是来拿钨丝的，我们的实验很需要钨丝和水泥，你们关门了，这些东西就没用了，借给我们用用吧！"他诙谐地说完，笑了笑，等待对方的答复。

"我们明天才关门呢，今天是最后一天。"所长听了，有些难为情地说。

丁肇中也不勉强，次日又来到剑桥研究所，和所长经过一番交涉，便把几千吨水泥块（属于美国政府）拉到了布鲁克海文国家实验室。

不久，他便带领助手们把寻找 J 粒子的实验阵式摆了出来：

中间是探测器，后面堆放着钨→铀→铅→铁→铜→钢筋→水泥→水→皂粉……不同能量的背景，用不同的东西挡住辐射。

1974 年初夏的一天，夜已经很深了，贝克尔教授和陈敏教授还在实验大厅里摆放电缆，因为次日就要收集数据，当时实验组还没有年轻的助手，贝克尔教授放了一会儿电缆，叹了口气，对陈敏教授说：

"我们离开家、离开妻子儿女来这里工作，家里人可能还认为我们在这里干的是很高尚的工作呢，他们不会想到，为了寻找新粒子，我们不得不在这里干这种体力活……"①

此时的贝克尔和陈敏都已经是副教授，但是，为了实验的成功，他们不

---

① 陈敏教授访问谈话，1989 年于欧洲核子研究中心 L₃ 实验办公室。

得不亲自动手安装电子计数器、电源……

在实验的准备过程中，包括丁肇中在内，都是通宵达旦地工作着，有的时候，他们甚至连续几天几夜不睡觉，加班加点，夜以继日地工作着，为的是赶在实验正式开始之前，把各种准备工作做细做好，做到尽善尽美，以求获得的各种数据万无一失。

日复一日，实验组的科技人员们分工协作，各种准备工作有条不紊地进行着。丁肇中各处巡视，查找缺点，有一次已经半夜了，有个工人刚把磁铁装好，他在检查时发现：磁铁上面有个 10 公分的裂缝。他说："这不行，现在我们就把它堵起来！"

一块实验用的铅砖重达 10 公斤，一个人一次最多只能搬两块，要搬动许多如此重的铅砖，才能把那个缝隙堵起来，而次日就要做实验，收集数据，即便很费时费力，他也决定连夜把这小小的缝隙堵住。因为加速器运转起来，即便是 10 公分的裂缝，也会使辐射透过来，对工作人员和计算机造成危害。于是，他们说干就干，丁肇中、贝克尔、陈敏……每人手拿两块铅砖，沿着两公尺高的梯子，爬上爬下，爬得汗流浃背，他们总共搬了 200 多块铅砖，直到把缝隙堵严实为止。

经过一番紧张、忙碌地准备，寻找 J 粒子的实验终于开始了。实验开始之后，丁肇中和助手们日夜守候在一台台闭路电视机前面，从荧光屏上注视着探测器各个部分的运行情况，收集着各种数据。①

实验初期，有一次荧光屏上忽然出现了危险的信号：尽管他们用了大量的屏障物，而实验区里仍然出现了很强的核辐射。他们用仪器测量了一下，发现用来"打靶"的质子束流在关闭了一小时之后，而靶子附近的辐射仍然处在很危险的水平上。

---

① 贝克尔、陈敏教授访问谈话，1990 年于欧洲核子研究中心 L₃ 实验办公室。

　　"问题出在什么地方呢？"丁肇中纳闷地想。

　　这样大的辐射剂量，人显然是受不了的。

　　那天，丁肇中工作到深夜，他拖着疲惫不堪的身躯回到住所，躺在床上反复地思考着白天发生的故障。他当年的一位助手、美国麻省理工学院柏格博士①回忆当时的情景时，讲过这样一番话。他说："Ting 率领他的实验组很快地回到美国布鲁克海文国家实验室，继续在这里的加速器上寻找新粒子。Ting 当时非常忙，他负责整个实验的运行，每天坐在实验厅的计数器旁不回去，他住在集体宿舍很小的一间房子里，偶尔他的妻子和女儿来了，就到外面住几天，白天因为干扰多，许多实验只好在晚上做，我们分成两班做实验，Ting 白天在，晚上也在，所有重要的实验仪器他都亲自检查。他往往是先回宿舍休息一下——很短时间，就又赶紧回到实验厅工作。因为太忙了，连吃饭的时间都没有，就到外面买了带回来吃。由于实验是在欧洲和美国的加速器上同时进行，Ting 便穿梭旅行进行指导。他常常是下了飞机就赶到实验室立即投入工作，虽然实验的规模很大，但他能掌握得很有条理，对工作中的许多具体的细节都了如指掌。在他的指导下，终于发现了 J 粒子，在这之后，历尽千辛万苦，我们又发现了胶子存在的实验证据……"

　　1974 年 4 月，他们安装好所有的实验设备。他说："我们完成了实验的准备工作，并开始引入一个强大的质子束。我们立刻发现，我们计数室里的辐射强度达每小时 0.2 伦琴。这就是说，我们的物理学家们在 24 小时内将要接受最大允许的年剂量。我们为了寻找原因而千辛万苦地探索了两三个星期，大家开始为我们能否进行这项实验而忧心忡忡。"②

　　在查找故障的过程中，丁肇中仔细地回忆了安装探测仪器和其他仪器时

---

　　① 柏格博士访问谈话，1990 年于欧洲核子研究中心 L₃ 实验办公室。

　　② 丁肇中. J 粒子的发现：个人的回忆［M］//《神州学人》杂志社. 足迹 杨振宁、李政道、丁肇中、李远哲成功之路. 北京：北京语言学院出版社，1989.5.

的每个细节，他认为，应该十分精确地确立实验方案，要考虑到各种可能性，实验进行以前，就应当想到可能失败的地方，"做科学实验就好比打仗一样，不能有丝毫的犹豫和动摇，现在唯一的办法是尽快地查明辐射的来源，使实验按照原定的计划进行下去，而不是半途而废!"

他说："一天，自 1966 年以来一直同我共事的 U·贝克尔用一个盖革计数器到处试探，而忽然发现，大部分的辐射大都来自屏蔽坡一个特定的地方。我们经过仔细深入地调查研究后发现，纵使我们已经用了 10 000 吨水泥作屏蔽坡，但最重要的区域——粒子束制动器的顶部——却仍然根本没有被屏蔽!经过纠正之后，辐射强度降到了安全水平，然后，我们开始做实验。"①

他们为终于发现了漏洞而兴高采烈。从这年的 4 月到 8 月，他们接连紧张地工作了整整 4 个月。

在那些日子里，他和他的助手们常常是通宵达旦地工作，有时，过了午夜他们还守候在仪器旁，一直工作到凌晨才回宿舍睡觉，睡上两三个小时，就又赶紧回到实验大厅里工作。

对于丁肇中的这种忘我的工作精神，有人曾不解地问他说："你长年累月地在实验室工作，终年和冰冷的仪器打交道，你不觉得生活太枯燥乏味了吗?"

他听了，笑了笑，说："噢，不，一点也不。没有任何人强迫我这样做。恰恰相反，做物理实验是我生活中最大的乐趣，因为我对实验有兴趣。换句话说，做实验已经成为我的一种生活方式。"②

在丁肇中看来，任何科学研究，最重要的是要看自己对于所从事的工作有没有兴趣，也就是说，有没有事业心。这不能有丝毫的勉强。许多人从事

---

① 丁肇中. J 粒子的发现：个人的回忆［M］//《神州学人》杂志社. 足迹 杨振宁、李政道、丁肇中、李远哲成功之路. 北京：北京语言学院出版社，1989.5.
② 顾迈男. 丁肇中教授谈科学实验［N］. 人民日报，1979 - 10 - 07.

科学研究的时间并不长，而接连出成果，他认为很重要的原因就是他们有事业心。例如做物理实验，因为他有兴趣，他可以两天两夜，甚至三天三夜地待在实验室里，守候在仪器旁，他急切地希望发现他所要探索的东西。

在长达 4 个月的时间里，他们进行了例行的调谐工作，发现探测器工作性能符合设计的要求。

由于探测器很复杂，因此需要 6 位物理学家去操纵。为了确保全部探测器均接近百分之百的有效，他们在采集数据前大约花了 100 个小时做各种检验。

1974 年初夏，他们在 4~5 GeV 的大质量域里采集了一些数据。然而，对这些数据所做的分析表明，只有为数极少的电子—正电子对。他们在这一年的 8 月底调谐了磁铁使之接受 2.5~4 GeV 的有效质量。他们立即看到了干净的和真正的电子对。但是最令人惊愕的是，e^+e^- 对大部分集中在 3.1 GeV 处而形成一个窄峰。比较仔细地分析表明，其宽度小于 5 MeV。

多年来，丁肇中在组内建立了一些有关对他们的数据和数据分析做实验检验的工作的惯例。例如：

（1）为了确保他们观测到的峰值是真正的效应，而不是仪器偏差或者计算机读出误差所造成的结果，他们还另外采集了一组较小磁铁电流上的数据，这样做，可以具有使粒子跑进探测器各个不同部分的作用。当这个峰值保持 3.1 GeV 不变时，便立即说明他们已经发现了一个真正的粒子。

（2）他们采用两套截然不同的程序来确保数据分析正确无误。这就是说，两组物理学家各自独立地从简约原始数据磁带开始，分析数据，进而制成他们自己的数据总计磁带，然后再做以下几项操作：两组"蒙特卡洛验算"，两组事件重建，两组数据纠错，最后则是得出两组必须相互一致的结果。虽然这样做使花费的计算机时间加倍，但是在独立进行的两路达到了相同的结论以后，他们对自己的结果就更加放心了。

（3）为了理解各种二阶背景纠错法的本质，他们做了几项专门的测量。

这些检验和许多其他别的检验都使他们确信，他们已经观测到了一个真正的大质量的粒子。随后，他们颇费了一些时间，讨论给这个新粒子命名的问题。有人说，最使人兴奋的稳定粒子，名字都是用罗马符号代表，例如还在假定中的中间矢量介子 W^0、Z^0 及其他，而"经典"的粒子用希腊符号代表，例如 ρ、ω 及其他，为了这个道理，再加上他们过去 10 年的工作都集中在电磁流量 $j\mu$（x），这就使他们产生了一个念头：把这个新粒子命名为 J 粒子。

听了各种关于新粒子命名的议论，丁肇中认为后一种说法有道理，因此他决定给新粒子命名为 J 粒子。

同往常一样，他为了证明自己所做的实验的确是科学上的新发现，紧接着又用不同的方法把新粒子散布到探测器的不同部位去，结果在计算机终端上给出的新粒子的质量值仍然是 3.1 GeV（31 亿电子伏）！

看了这个数字，丁肇中兴奋地吁了口气，他掏出手帕擦了擦额头上的汗水，十分高兴地对助手们说："这就是说，我们真的发现了一个新粒子！"

J 粒子的宽度窄以及 ρ^0 粒子和许多其他状态的存在强烈地提示人们，J 粒子可能是两个新夸克的束缚态。

宣布这个重大发现的日子，在人类认识自然界的历史上，无疑有着重大的意义。

11 月 6 日，丁肇中访问了美国《物理评论快报》的编辑特里格，询问不经审查（即专家鉴定）发表科学新发现的定则有没有改变。他说："这次访问之后，我拟了一份短稿，依照我们 1967 年量子电动力学文稿的形式，只强调 J 粒子的发现，及我们所做的各种检验，而不提未来的计划。"

"11 月 11 日，我们打了电话给 Frascati 实验室所长 G. Bellettini，告诉了他我们的结果，他们在 11 月 13 日开始寻找，11 月 15 日打电话来，兴奋地告诉我们，他们也看到了 J 粒子的讯号……赶得上与我们的结果在同一期的 PRL 发表，不久之后，他们对 J 粒子加以仔细研究，证实它的总宽度约为 60 keV（它寿命比 ρ 介子长 1 000 倍），从那时开始，他们有系统地寻找别的低质量粒子，可是没有结果。"

丁肇中在《J 粒子的发现：个人的回忆》一文中说，J 粒子的发现，触发了许多新发现，最重要的一些实验工作是在斯坦福直线加速器中心和德国电子同步加速器中心做的。谈到 J 粒子的性质时，他写道：J 粒子一经发现以后，由于它的大质量和长寿命，引出许多关于它的本质的推测……因而断定它是强子（即强相互作用粒子）。

他在这篇文章中还说："看样子，在发现 J 粒子的过程中，我是选择了一个最困难的地方。"

最后，他在结束语中写道："我们可以提几个进一步的问题。

（1）我们现在知道，光子转化成了具有质量约 1 GeV 的 ρ、π 和 Φ 介子。它能够转化成具有质量约为 3 至 5 Gev 的 J 粒子及其各个协同态。当我们向更高的能量进军时，会怎么样呢？似乎完全可能的是，应当还有许多新的系列的类光粒子存在。

（2）J 粒子的存在意味着，我们至少需要四种夸克米解释迄今观测到的现象。如果我们在更高能量域里又发现了一系列新的粒子，那末，我们还将需要多少夸克呢？

（3）如果我们需要一大族夸克，那末，它们是否就是自然界真正的基本积木块了呢？它们为什么还一点没有被发现呢？"

J 粒子的发现，是丁肇中科学生涯的第二个重要的里程碑，这个使欧美物理学界无不为之兴奋的重大科学发现，也使丁肇中的助手们终生难以忘怀。

回忆当时的情景，乌尔利希·贝克尔博士说："验证量子电动力学的实验完成之后，Ting 在德国电子同步加速器中心继续带领大家做实验，由于这个中心的加速器能量有限，只有两个 GeV，正在这时，美国长岛的布鲁克海文国家实验室建成了 30 个 GeV 的大加速器，关于 J 粒子的存在，当时理论上并没有预言。Ting 去 DESY 以前，和布鲁克海文国家实验室就有联系，在德国验证 QED 的实验经验十分重要，我们为了寻找新粒子，设计了正比室，两个粒子的质量分辨是 3‰，那时已经有 6 000 根丝，不料想，方案提出来以后却遭到了反对，持反对意见的人们认为，正比室不需要那样好的分辨率，丁教授则坚持，事后证明他的意见是对的，实验完成以后，Ting 叫两个组用不同的方法分析数据，改变条件进行检验。我们第一次看到 J 粒子的峰时，曾经怀疑计算机有毛病，于是，又考验计算机。当时，韦斯科夫教授是负责人，他很支持我们的实验。丁教授领导我们作了一夜计算，一整夜，到早晨证明这个峰是真的，那年夏天是我最幸福的时候，寻找 J 粒子的实验方案是丁教授提出来的，发现 J 粒子以后，他建议改变磁场、电流再做实验，从当年的 8 至 9 月份一直检验到 11 月初。

在检验过程中，施瓦茨和丁教授打赌。

'听说你发现了新粒子?'施瓦茨问道。

'没有，没有。'丁教授说。

'你如果发现了新东西，我愿意和你打 10 美元的赌。'施瓦茨说。他在布鲁克海文国家实验室和斯坦福直线加速器中心工作，从强子选择上确定能量。

J 粒子的发现，起初很多人不相信是真的，包括一些很有名的物理学家。有一次，我曾经写信给海森堡，我在信中说：'这儿有个新粒子，你怎么解释?'

1975 年秋天，在慕尼黑开会的时候，又见到海森堡，我再次告诉他我们发现了新粒子时，他仍然不相信是真的，说：'我们不需要你们的这个新夸克!'

'不管你需要不需要，怎样解释这个新峰，是你们理论物理学家的事。'

我说。海森堡听了，笑起来。"①

关于这个重大发现，丁肇中的另一位助手陈敏教授回忆说："寻找 J 粒子的实验是在 8 月份进行的，实验进行了一个星期，布鲁克海文国家实验室就停工了，丁教授让两个组各做各的分析，分析工作进行了好几个礼拜。起初，人们都不相信我们的发现是真的。

有一天，我对一位物理教授说：'我们发现了一个非常窄的粒子。'

不料，他听了竟不以为然地说：'世界上大概有许多窄的东西。'

不管人们是否相信这是个新发现，我们始终坚信不疑，两个小组分别分析以后，丁教授又在长岛进行了检查，共进行了 7 个方面的验证，例如把双臂谱仪磁场改变 10%，如果 J 粒子是假的，就会随磁场移动 10%，如果是真的就不会移动。分析工作结束后，丁教授主持全组开会，大家都看到了那个峰，高兴得跳啊，叫啊，兴奋得不得了。

'这是个非常大的结果，不要声张。第一，要证实这个发现是真实的；第二，看看是否还有别的粒子。'丁教授冷静地说。磁场强度改变了 10%，准确性达到了万分之万，他还是不让发表，说：'要一网打尽。'10 日这天，丁教授要到斯坦福大学开会。半夜 3 点钟，我们在布鲁克海文国家实验室的计算机上宣布：

'598 实验小组有重大发现。在 3 个 GeV 的地方，发现了一个新粒子。'

我们的实验结果公布不久，欧洲核子研究中心和阿贡实验室在加速器上也先后找到了这个新粒子。"②

丁肇中在回忆那些令人兴奋而又惊心动魄的日子时，曾经讲过这样一番话，他说："1972 年，我们在布鲁克海文国家实验室的高能加速器上设计了一个实验。在设计过程中，特别是在实验进行的时候，我遇到了更多的非难。

---

① U·贝克尔教授访问谈话，1990 年于欧洲核子研究中心 L₃ 实验办公室。
② 陈敏教授访问谈话，1990 年于欧洲核子研究中心 L₃ 实验办公室。

非难的主要原因是因为我们设计了一个探测器，它具有极精细的质量分辨能力，因此可以用来寻找长寿命的粒子。这个探测器技术复杂而且造价昂贵。而人们的经验和当时的理论的预言都认为如果有质量大于质子的重光子的存在的话，它们的寿命应该是很短的，并且只需要一个简单的探测器。此外，这类实验我以前的老同事莱德曼教授也做过，而他没有发现任何新奇的东西。在极大多数情况下，我做实验是基于我对事物的理解而不是基于理论上的争论。所以，我决定不顾多数人的反对而去实现这个实验。"①

丁肇中说："在实验开始以后，我们很快发现一个几乎同样的计划已经交给在欧洲核子研究中心的一个不同的探测器。由于我们极其认真地进行了实验设计，并以更充沛的精力去进行我们的研究，同时得到了布鲁克海文国家实验室的全力支持，所以我们比欧洲核子研究中心的那个实验组早好几年宣布了J粒子的发现。J粒子和许多共同具有不同寻常的长寿命的重质量的类似的粒子的相继发现，表明人们对基本粒子的内部物理结构还不清楚，改变了人们对物质内部结构的认识。现在，物理学家们意识到一定还有更多的新粒子存在，并且开始了一个世界范围内的对新粒子的寻找。"

丁肇中说："自从同年 10 月底以后我的小组人员一直坚持要我尽速发表我们所得的结果，当时，我感到相当的困扰与犹豫。我的小组的陈（敏）先生对我说：'有一只鸟在手中，总比在林中的两只鸟要好。'在这样催促发表的压力下，我终于同意只发表我们对 J 粒子发现的结果。为了发表我们实验结果的事，我曾经访问过权威杂志《物理评论快报》的编辑特里格先生，经过交换意见之后，我终于在 11 月 12 日，将实验结果的论文，交给特里格。

后来我知道，还有其他的研究小组也跟我一样，进行了类似的实验，他们也有相同的发现。因此，在 12 月 2 日出版的那一期《物理评论快报》杂志

---

① 丁肇中. 在探索中：一个物理学家的体验［J］. 青年科学家，1982（1）.

中，有3篇发现这个新粒子的论文。"①

在丁肇中的母校——美国密歇根大学的人是这样评价这个发现的："1972年春，他（丁肇中）在纽约长岛的布鲁克海文国家实验室开始了一个实验项目。Ting 在搜寻几种核粒子。这些核粒子可以使重光子衰变。为了这项工作，他修改了在德国用过的探测器的设计，以使这种探测器对重光子更敏感。这种信号通常会被淹没在成百上千万的其他核碰撞其他粒子的共流中。颁发诺贝尔奖的瑞典皇家科学院随后对这个探测器的灵敏性进行了比较。发现这个探测器能在巨型飞机起飞的噪声中听到蟋蟀的鸣叫声。

"在随后的 18 个月，Ting 的研究小组用质子光束轰击了铍目标，并用新的探测器寻找正负电子对的痕迹。1974 年 8 月，该仪器产生了令人惊喜的数据。Ting 立刻意识到这是与理论期盼的东西所不同的东西，并用后来的数目反复查验这个实验和数据。

"最终，Ting 得出结论，这个实验证实了一个新元素粒子，这个新元素粒子比质子重 3 倍，比任何当时所知的元素粒子的共振状态持续时间都长（在此，'长时间'通常是用几十分之一秒来衡量的）。到 1974 年 11 月，Ting 最终宣布了他所命名的 J 粒子的发现。这个名字是基于电磁流的特征的。

"大约在这个时候，Ting 在斯坦福大学参加一个与斯坦福直线加速器中心相关的科学家的例行会议，他已准备好公布他的发现。在这个会议上，他与他的同事波顿·里希特（Burton Richter）分享了他的实验成果。令人惊奇的是，里希特告诉 Ting 他最近的实验，这些实验展示了一个里希特命名为'PSI 粒子'的新粒子的存在。两位科学家立刻认识到尽管用了不同的方法，他们发现了同样的粒子。

"由于 J/PSI 粒子似乎也确认了第四'夸克'魅力的存在，因此，这个发现对物理学家们来说特别有趣。理论物理学家们已经预计到这样的一个基本

---

① 节译自丁肇中 *Discovery of Massive Neutral Vector Messon* 一文。

粒子，但正是 Ting 和里希特的实验展示了它的存在。

"此后，不到两年，Ting 和里希特共享了 1976 年的诺贝尔物理学奖，这是诺贝尔奖历史上一项得到最快承认的发现。那一年，Ting 只有 40 岁，里希特 45 岁。诺贝尔奖的获得更巩固了他作为一个大胆的、精明的、具有洞察力的实验者的荣誉。"①

J 粒子的发现，在全世界高能物理学界引起了巨大反响。在这之前的 20 年间，由于高能加速器的不断发展和能量的不断增加，物理学家们已经发现了许多新粒子。然而，都没有 J 粒子的发现更引人注目和轰动。这个发现表明：基本粒子的内部还包含着以前所没有认识到的矛盾。这个新矛盾的运动和转化，将导致一系列新的现象，有待人们去发现和研究。这个发现，使得一度沉寂的国际高能物理学界又重新活跃起来。J 粒子的问世，仿佛敲开了一个基本粒子家族的大门，给高能物理学的研究展示了崭新的前景，由 J 粒子提供的线索领路，在这之后，物理学家们又接连发现了一连串类似的新粒子，使人类对物质微观结构的认识前进了一大步。

---

① 摘自林健译凯特曼·李（Lee Katterman）《诺贝尔物理学奖得主 S. C. C. Ting 与密歇根大学有着悠久联系》一文。

寄语第三世界年轻人

在丁肇中获得诺贝尔奖的演讲中，在通篇英文稿中，有一段文字是用工工整整的中文写成的，他用中文写道：

"国王、皇后陛下、皇族们、各位朋友：

"得到诺贝尔奖，是一个科学家最大的荣誉，我是在旧中国长大的，因此想借这个机会向在发展中国家的青年们强调实验工作的重要性。

"中国有一句古话：'劳心者治人，劳力者治于人'，这种落后的思想，对在发展中国家的青年们有很大的害处，由于这种思想，很多在发展中国家的学生们都倾向于理论的研究，而避免实验工作。

"事实上，自然科学理论不能离开实验的基础，特别是物理学是从实验产生的。

"我希望由于我这次得奖，能够唤起在发展中国家的学生们的兴趣，而注意实验工作的重要性。"

在丁肇中的记忆里，1976 年的冬天是终生难以忘却的。这一年的冬天，他兴奋地带领着实验组的全体成员——他们当中，有与他共历艰辛、共事多年的贝克尔教授、陈敏教授，以及英格瑞特、皮特等美国和德国的科技人员，还有他的父亲丁观海教授和他的两个女儿——从世界各地赶到瑞典的首都斯德哥尔摩，参加当年的诺贝尔奖颁奖典礼。

斯德哥尔摩的冬天是寒冷的，尽管凛冽的寒风和漫天飞舞的雪花笼罩着全城，然而，12 月 10 日这天，斯德哥尔摩的音乐大厅里，却是春意盎然。

由瑞典化学家、工程师和实业家阿尔弗雷德·诺贝尔设立的、旨在奖励在各个领域对人类事业有杰出贡献的国际最高荣誉奖项——诺贝尔奖，如今，已经走过了 100 多个年头。

阿尔弗雷德·诺贝尔，1833 年生于瑞典斯德哥尔摩，因发明炸药而闻名于世。他一生都在为战争给人们造成的灾难而担忧。特别是炸药的威力。这也正是他决定将大部分财产（约 3 300 万瑞典克朗）用于设立基金，奖励那些对人类事业做出巨大贡献者的原因。

诺贝尔在遗嘱中说，将其财产投资于可转让债券和保险，将每年所得利息分成 5 等份：3 份必须用于奖励在物理、化学和医学领域有重大发现者，第 4 份用于奖励杰出的文学家，第 5 份用于奖励那些对"增进民族间的接近、取消或削减军队以及促进并召开和平大会"有贡献的人或组织。该奖不考虑获奖者的国籍等其他因素，对所有人开放。

诺贝尔逝世 4 年以后，瑞典国王奥斯卡二世颁布了建立诺贝尔基金会的法令。这个基金会是基金的合法所有人及实际管理者。

1901 年，诺贝尔奖首次以物理学、化学、生理学或医学、文学及和平奖的方式颁发。

1968 年，在瑞典银行建立 300 周年之际，根据诺贝尔基金会的决定，这个银行增设了经济学奖，于 1969 年首次颁发，奖金数额与其他奖项相同。

诺贝尔奖的评选过程的第一步是提交候选人名单。在来年的 12 月 1 日之前，相关机构要将候选人名单提交给 6 个委员会。各委员会由来自世界各地的科学家、学院成员和大学教授组成。每年 10 月，委员会要向基金会提交合格候选人的推荐书，当年的 12 月 10 日——诺贝尔逝世纪念日举行颁奖典礼。

诺贝尔物理学奖、化学奖、生理学或医学奖、文学奖等的颁奖典礼，于每年的 12 月 10 日在瑞典斯德哥尔摩的音乐大厅举行。每年这时，从诺贝尔逝世的意大利圣雷莫市采摘的成千上万朵鲜花被运抵这里。

在诺贝尔奖的百年历史中，共有将近 700 名个人和 19 个组织获得该奖。

1901 年，物理学奖授予德国的威廉·伦琴，他因发现了 X 射线，而获得第一个诺贝尔物理学奖。在物理学奖的获奖者名单中，还可以找到许多杰出的人物，如 1909 年获奖的无线电先驱马可尼，1918 年的量子论之父普朗克和 1921 年的相对论创立者爱因斯坦等。

世界各国不少杰出的物理学家获得过这项殊荣。而中国由于曾闭关锁国，科学技术不发达，以至于在中国血统的科学家中获奖者寥若晨星，当时只有李政道和杨振宁二人。而丁肇中作为第三位获得这项殊荣的华裔科学家，再次为中华民族增光添彩，讯息传开，人们自然欢欣鼓舞。

在这个人生最美好的时刻，丁肇中产生了一个想法：在这之前，来自世界各地的诺贝尔奖获奖者在宣读演讲的时候，有的人用英文，有的人用法文，有的人用德文……唯独没有一个人用中文！他想：中国是一个具有悠久历史和有过影响深远的科学发现的国家，我相信随着对科学事业的不断鼓励和支持，在未来的年代里，中国必将会对科学做出许多十分重大的贡献。为了唤起中国青年们对实验物理的热忱，我的演讲要先用中文，然后再用英文宣读。

当斯德哥尔摩的钟声响过以后，身穿燕尾服的瑞典贵族、社会名流，以及各国的外交官和科学家们，三三两两地络绎来到举行颁奖典礼的大厅里，伴随着悠扬的乐曲声，雍容华贵的瑞典国王和王后，以及王室的成员，被人们簇拥着，纷纷来到会场。

隆重的颁奖典礼开始了，荣膺当年诺贝尔奖的科学家们，在诺贝尔委员会代表的陪同下，兴奋地登上了主席台。大厅里顿时响起了热烈的掌声，委员们把获奖者一一介绍给到会的来宾，盛赞获奖者用智慧和汗水对人类做出的杰出贡献。随后，获奖者走下主席台，接受了瑞典国王颁发的奖金和奖品。

蓦然，主席台的麦克风前出现了丁肇中，灯光和鲜花辉映着他那魁梧健壮的身影，置身于暴风雨般的热烈掌声中，他显得有些腼腆、矜持。人们谛听着这位英姿勃发的中国血统的美国科学家，庄严地站在当年伦琴、爱因斯坦、居里夫人和许多科学巨匠曾经站立过的讲台上，因为发现了 J 粒子，而获得 1976 年度诺贝尔物理学奖的重要演讲。转瞬间，使在场的人惊诧不已的事情发生了，原来，丁肇中首先不是用英语而是用中国的普通话发表了演讲。

他用中文发表完演讲，又用流利的英语发表了演讲。在他用中文发表演讲的过程中，与会的人由于听不懂中文而纷纷交头接耳。直到他发表完中文的演讲，又用英语发表演讲的时候，会场上的气氛才平静下来。①

颁奖典礼过后，丁肇中率领他的实验组离开了瑞典。他和助手们返回美国的布鲁克海文国家实验室，又立即投入了新的紧张的实验工作。

在这之后的一段日子里，不停顿地工作仍然是丁肇中生活的主流。他的助手、美国麻省理工学院博士柏格说：

"1974 年发现了 J 粒子之后，1975 年 Ting 非常忙，当时同时准备两个实验，一个在欧洲核子研究中心进行，一个在布鲁克海文国家实验室进行。Ting 负责整个实验的运行，他时常守候在布鲁克海文国家实验室的计数器旁，不眠不休地工作着。那时，实验组的人不多，条件很简陋，技术厅由两个 10 米长的拖车组成，里面放着许多测试仪器、电子学线路，以及大量的电缆等，人也在里面取数据。每次实验之前，Ting 都亲自检查电缆的接头是否有松动，示波器和其他仪器的工作是否正常。白天因为干扰多，很多实验都在晚上做，我们分成两班做实验，白班从早上 8 点到夜间 12 点，夜班从夜间 12 点到早上 8 点钟。Ting 日夜都在。所有重要的实验数据，他都亲自检查。"

柏格这位年轻英俊的美国博士谈起在丁肇中实验组度过的那些难忘的日

① 陈敏教授访问谈话，1990 年于欧洲核子研究中心 L₃ 实验办公室。

日夜夜时，显得非常兴奋。他说："当时，因为工作太忙了，连吃饭的时间都没有。唐人街上有许多很好的中国餐馆，我们就买了东西带回来，在拖车的另外一端吃，还专门放了个冰箱，用冰箱的人也多，有时冰箱里有一股不好的怪味，最后 Ting 还是设法弄到了一个微波炉，这样，大家 24 小时都可以用来热饭菜。那时，微波炉被认为是很奢华的耐用消费品，一般地说，实验组不给配备。麻省理工学院科学实验室副主任爱普林曾说：'你们要是发现了新粒子，我就给你们微波炉！'因为我们的实验组发现了新粒子，因此，丁教授领导的实验组第一个得到微波炉，这样就可以自己抽时间烧饭吃了。布鲁克海文国家实验室在纽约的长岛上，濒临大西洋，因而，海产品很多，记得大家在烹调方面真是各显其能。陈敏用中国烹调技术做中国式的鱼，味道很好。还有的人做海螃蟹和龙虾……但是，这样做也有问题，例如电子学等精密仪器不允许有味道，房间里因做饭而弄得很脏，Ting 便亲自打扫。

"1975 年下半年，Ting 又准备另一个新实验——质子与质子对撞。实验用的大型的 μ 子漂移室是贝克尔设计的，在欧洲核子研究中心可以做到 6 米长，磁铁从匹兹堡拉来，是那里的一台回旋加速器上不用的，做实验时忽然发现磁铁有放射性，有伽马射线，经过一番寻找，射线原来在 5～10 厘米的铅盖上。

"以前，Ting 领导的实验组测电子对，这是第一次测正负 μ 子。就在这时，德国汉堡的加速器中心正在建造正负电子对撞机（PETRA），仪器大部分在麻省理工学院做，靠船和飞机运到汉堡的 DESY，然后，到 DESY 的正负电子对撞机上做实验。

"1976 年，Ting 在德国电子同步加速器中心和欧洲核子研究中心之间穿梭旅行，提出实验方案，继续寻找新粒子，测其他种类的带电粒子。实验一个接着一个，他并没有因为获得了诺贝尔奖就停止探索，停滞不前。"[①]

———————————

① 柏格访问谈话，1991 年于欧洲核子研究中心。

德国著名物理学家朔佩尔谈起丁肇中时，曾讲过这样一番话，他说："没有一个人可以成为 Ting 的老师和上级，他只面对上帝，Ting 是个个性很强的人，独立性很强的人，他一定要做到他要做的事，主意很明确，坚定，从不偏离他的想法，也许因为中国文化教育的背景，他谦虚，尽量不伤害别人，对合作者要求非常严格，他自己工作也很勤奋、努力。"

朔佩尔教授说："20 世纪 60 年代末，一连好多天，Ting 都在实验现场第一线。"他认为丁肇中成功的基础，是全神贯注到某一个方向上，而不是赶时髦。他说："我认为，在 DESY 发展起来的测电子对的技术，最后发现 J 粒子，J 粒子的发现不是偶然的，是多个系统的研究结果；另外，Ting 还有一个特点，就是仔细，他发表的东西都是经过反复验证的，自己没有把握的实验结果，从不发表。"朔佩尔说，他和丁肇中合作得很愉快，因为 Ting 总是做最有兴趣的实验，最吸引人的实验……①

丁肇中领导实验组发现了 J 粒子之后，他从暴风雨般的热烈掌声中走下领奖台，丝毫也没有沉醉在已有的成就里。作为一位杰出的实验物理学家，他年复一年地从一个科学顶峰迈向另一个科学顶峰。

继 J 粒子之后，历尽千辛万苦，不久他们又发现了胶子存在的实验证据。谈起为什么如此无止境地探求时，他说：

"我常常意识到我的能力是相当有限的，只有刻苦地工作，我才有可能在某个特殊的领域里取得优异成绩和做出贡献。1974 年以后，我的工作还是继续找光与重光子之间的关系，那时，德国人在造一个最大的（44 GeV）的正负电子对撞机，叫 PETRA，与这个正负电子对撞机同时建造的，是美国的斯坦福直线加速器中心（SLAC）（30 GeV）的正负电子对撞机。当时美国能源部（DOE）希望我在美国做实验，因为他们认为美国的物理学家和加速器都

---

① 朔佩尔教授访问谈话，1990 年于欧洲核子研究中心朔佩尔任 CERN 主席时的办公室。

比较好，可能比德国先做出成果来。但是，因为我在德国工作多年，对德国的情况比较了解，我认为他们会做得比美国快，而且我认为能量高比较重要。所以我就和曾负责过欧洲核子研究中心的韦斯科夫教授打一个赌，如果美国先做出来，我给他 20 块美金，如果我先做出来，他给我 20 块美金，现在我又多了 20 块钱。

"在德国实验的目的，最初当然是找第 6、第 7、第 8 个夸克，根据那时的理论，第 6 个夸克应该在 30 GeV 左右，因为第 1、2、3 夸克在 1 GeV 左右，第 4 夸克在 3 GeV 左右，第 5 个夸克在 9 GeV 左右，下面可能是 27 或者 30 左右。但是，我们找到一个新的粒子，叫作胶子。

"什么叫胶子呢？胶子就是夸克和夸克中间力的传送粒子。在 1979 年，我们那个组把胶子现象确切地证明了。发现胶子是我在德国的'马克一杰'（Mark-J）小组最重要的成就，这个实验陈敏教授贡献很大。

"另外一个重要的贡献，就是近年来，所有的理论物理学家，如 1979 年诺贝尔奖得主格拉肖（S·Glashow）推测，如果第 6 夸克存在，应该在 30～40 GeV，现在我们找到 44～47 GeV，还没找到，表示第 6 夸克如果存在的话，一定大于 47 GeV，这等于把这些理论物理的概念改变了。"①

这时，丁肇中领导的实验组已经发展到 5 个协作单位、7 个国家，共由 30 多位科学工作者组成。5 个协作单位是：美国麻省理工学院、德国电子同步加速器中心、德国亚琛工业大学、荷兰高能物理研究所，以及中国科学院高能物理研究所。

丁肇中的实验是在 PETRA 加速器上进行的。这台加速器是当时世界上能量最高的正负电子对撞机，设计指标是 2×19 GeV，后来达到了 2×15.8 GeV。当时，在这台加速器上共有 4 个实验小组同时做实验，因为这在当时是世界上能量最高的对撞机，因而这里进行的实验引起了国际高能

① 江才健. 大师访谈录［M］. 台北：牛顿出版股份有限公司，1987.

物理学界极大的关注。

美国费米实验室当时的所长莱德曼教授曾这样评价说："丁肇中教授领导的实验小组发现了胶子存在的实验证据，这个发现使这里的科学家们欣喜若狂！"

这个发现之所以引起关注，并不是偶然。人们知道，物质是由分子组成的，分子是由原子组成的，原子是由原子核和电子组成的，原子核是由质子和中子组成的。质子、中子这一类的粒子统称为强子。根据夸克模型理论，强子是由多种更基本的、称为夸克或层子的粒子组成的。大量的科学实验证实，夸克确实存在，并且在实验中找到了 5 种夸克存在的证据。那么，夸克和夸克之间是通过什么东西作为媒介相互作用的呢？科学家们预言，还存在一种新的称为"胶子"的粒子，它们像胶水一样，以很强的力量，把夸克和夸克"粘"在一起，这也是把这些新粒子称之为"胶子"的原因。但是，胶子是否真的存在一直是悬而未决的问题，人们急切地等待着实验做出判断。丁肇中小组的实验，首次回答了这个问题，从实验上证实了"胶子"的存在，从而使这种理论有了坚实的实验基础。

到那时为止，人类认识到自然界中有 4 种基本的相互作用：引力相互作用、电磁相互作用、强相互作用和弱相互作用。其中，引力相互作用最早被发现也最早被认识，从牛顿发现万有引力作用起，这种作用力便是决定宏观物体（如太阳和地球）之间运动的主要作用力。电磁相互作用是 18 世纪以来，人类认识得最好、应用得最广泛的一种基本的相互作用力，也就是电力和磁力。弱相互作用是一种短程力，即只有当粒子之间的距离很小时，才发生作用，而且作用得很慢，时间很长。因而作用力很弱，一般比电磁相互作用小 10 亿倍，比强相互作用小 1 万亿倍。强相互作用也是短程力，也是只有当粒子间的距离很小时才起作用，而且作用得很快，时间很短，因而作用力很强。通俗地说，原子核里把质子、中子吸引在一起的力就是强相互作用。理论上认为，电磁相互作用、弱相互作用和强相互作用都是通过另一种物质作为媒介来传递的：电磁相互作用通过光子传递，弱相互作用通过中间玻色子传递，强相互作用通过胶子传递。光子早已找到，中间玻色子的存在也不太使人怀疑了，而且由于美国科学家温伯格和巴基斯坦科学家萨拉姆提出的温伯格—萨拉姆理论，人们认为电磁相互作用和弱相互作用是可以统一起来的。但是，胶子的存在一直没有找到证据，因而人们至今对强相互作用的认识还很肤浅，从而也影响到把强相互作用和电磁相互作用、弱相互作用统一起来。而今，找到了胶子存在的证据，这就必然会使人们对强相互作用的认识大大向前推进一步，并且从实验上证实了这三种相互作用力确实都是有另一种物质作为媒介来相互传递的，从而给这三种作用力的"大统一"带来了新的希望。因此，从某种意义上说，丁肇中实验组的这一重要发现，意义是很深远的。

继发现 J 粒子之后取得的这项成果，是丁肇中和他的助手们在进行了大量研究工作、对所谓的"喷注"现象进行了精细分析后提出来的。他们在质心能量从 274 亿到 316 亿电子伏特范围内，共找到了 446 个喷注的事例。对这些事例的分布进行计算、分析后发现，只有引入胶子的存在，才能很好地解释这些实验结果。把实验结果绘成图表，十分明显地看到胶子存在的贡献。

当时，在德国电子同步加速器研究中心对撞机上工作的其他实验组，也获得了类似的结果，从而也证实了"胶子"的存在。

丁肇中实验组的上述发现，是和他们致力于精心研制探测器分不开的。他带领各国的科技人员用了半年的时间建造、测试、安装的一台名叫"马克—杰"（MARK-J）的大型探测器，由 1 000 多台电子学仪器、两台电子计算机和大型磁铁组成。高能量的正负电子相撞后产生的各种粒子，就是在这台大型探测器中被记录和分析的，实验共进行了半年多时间，获取了大量实验数据，发现了许多有意义的结果。他和他的实验组继发现 J 粒子之后，又找到了胶子存在的实验证据，这不是偶然的，而是长年累月进行艰苦细致工作的结果。

在他那里工作的中国科技工作者谈了这样一件事①：一天，实验组的科技人员测量几百个光电倍增器的各种参数，考验管子的稳定性。在测量过程中，发现 100 个管子中有 10 个噪声很大。负责这项工作的科技人员本想只改装这 10 个噪声大的管子，因为如果全部改装，不仅费时，而且花费大，因为每只管子价值都达近千美元。尽管如此，丁肇中仍然坚持要全部拆了重来，每个管子要考验两天，一个也不能放过。他认为，搞实验，仪器不可靠，数据当然就不可靠。

在实验进行过程中，他和大家一样，常常是通宵达旦、夜以继日地工作。一天，实验组做了一些计数器，要运到日内瓦的欧洲核子研究中心去核对，因为那儿有标准的束流。当时，丁肇中在美国，虽然远隔重洋，他还是连夜打电话详细地询问了有关情况。还有一次，在汉堡的实验室里，一位中国科技人员值夜班，取数据。那天晚上，丁肇中一直工作到深夜两点钟才回去睡觉，刚过五点钟，他又打电话来询问仪器有什么毛病没有？实验进行得如何？总之，他认为，在科学的道路上，不脚踏实地工作，不付出艰苦的劳动，就不可能做出成绩。

美国麻省理工学院一位年轻的博士说："Ting 在马克一杰（MARK-J）工作期间，他了解所有人的工作，他要大家了解他是怎样想的，他每天至少主持一次组会，有时在现场举行，让每个人都知道。不仅如此，他还认真地检查各项工作，看各个环节是否按照计划进行了，下一次会再检查工作，指定由谁负责，谁就要很快地拿出结果来。在全组会上，每个人都发表意见，一个人讲，大家听，每个人都把自己的意见讲出来，然后由 Ting 做决定，他决定的事情必须照办，拖延不办是不允许的。"

探测器的各种部件大量运到汉堡，是在 1978 年年初，正式运行是当年的 10 月份，时间很紧，但很快就安装好了，安装完毕后要经常进行测试，这中

---

① 顾迈男. 丁肇中教授谈科学实验［N］. 人民日报，1979 – 10 – 07.

间发现了许多毛病。当时，探测器已经安装在加速器上，辐射、束流很紧张，在这儿进行的 4 个实验分别来自不同的国家，很难达成协议。因此，测试工作常常要到后半夜，非常紧张。

据参加这项实验的科技人员回忆，在这台加速器上同时进行的 4 个实验竞争很激烈，丁肇中抓得很紧，他每天都检查有无漏掉的事情，有没有其他实验组测到的东西。他在带领大家用 MARK-J 寻找新粒子的同时，还在准备其他的实验。不仅如此，他还时刻关心贝克尔等人在欧洲核子研究中心所做的实验，由于贝克尔时常打电话向他汇报，因此，贝克尔打电话的费用最高，并以此闻名。

大约在 10 年的时间里，丁肇中时而到日内瓦，时而到汉堡，或者到美国，借助于各大加速器中心的高能加速器，不遗余力地探索着微观世界的奥秘。

"在高能物理研究中，第二名就是最后一名！因此必须十分精确地确定实验方案，要考虑到各种可能性。做实验，就好比打仗，不能有丝毫的犹豫和动摇。"丁肇中说。[1]

由于丁肇中非常认真地对待每一次实验，所以常常是成功多于失败，他在高能物理领域里所做的每次实验，都在国际高能物理学界引起一种预期的震撼。因此，关于电子、μ 子、τ 重轻子半径测量结果，是继胶子之后，在大约短短半年的时间里，他带领实验组的科技人员做出的三项重要成果。

中国科学院高能物理研究所的负责人、科学家郑志鹏曾经这样评价说："人们在高能物理实验中发现电子、μ 子、τ 重轻子等称之为轻子的粒子是非常小的，几乎没有大小，当成'点'粒子。在目前大家公认电子、μ 子以及 τ 重轻子的半径小于 10^{-15} 厘米。这的确是一个很小的量，比质子半径的1/100

---

① 顾迈南，汤华. 热望支持自然科学研究：访丁肇中教授 [J]. 瞭望，1988（27）：8-9.

还要小。丁肇中领导的实验小组，在测量正负电子相撞产生电子或 μ 子或 τ 重轻子的过程中，对量子电动力学进行了检验。随着正负电子总能量的提高，更深入到基本粒子的内部，首次测量到电子、μ 子以及 τ 重轻子的半径小于 2×10^{-16} 厘米，进一步了解到它们比原来认识的更小。同时，也证实了量子电动力学在 10^{-16} 厘米这样小的范围内，仍然是正确的，使人们对轻子及电磁相互作用的认识又深入了一步。因此，这是一个很重要的结果。"

郑志鹏教授曾作为中国的访问学者在丁肇中的实验组工作过，他还谈了丁肇中实验组关于"R 值的测量及第六个层子的寻找"。他说："R 值是正、负电子相撞产生强子与产生正、负 μ 子的总截面的比值，是了解层子模型很重要的一个量。R 值同时也是寻找新粒子的一个依据。例如一个新层子的出现，则在相应的能量位置出现一个峰，或在这个能量以上 R 值普遍提高。过去只测量到能量小于或等于 10 GeV 的 R 值。而丁肇中领导的实验小组，在半年多的时间里，一下子把能量范围延伸到 31.6 GeV，分别测量了 13、17、22、27.4、30、31.6 GeV 几个能量的 R 值。实验结果表明，没有出现第六个层子的迹象。通过喷注结构分析的结果，也得到同样的结论。理论上曾经预言第六个层子可能在 27～30 GeV 范围内出现，与实验不符合。这就说明许多理论并不正确，它必须接受实验的检验。"①

关于这次发现，丁肇中曾经讲过这样一番话，他说："找到胶子存在的实验证据，算不了什么。20 世纪微观物理学的一大进展就是发现除牛顿所发现的引力相互作用和 19 世纪确立的电磁相互作用外，还有两种新的相互作用：强相互作用和弱相互作用。我做物理实验的目的，是想找到这四种作用力的基本联系，这样对宇宙中的大部分物理现象，就能有一个全面而深刻的了解了。"

提起这件事，这中间还有个小故事：1986 年 7 月 30 日，丁肇中、杨振

---

① 　郑志鹏教授访谈，1979 年 10 月于中国科学院高能物理研究所。

宁、吴健雄、袁家骝及吴大猷，五位大师在台北的圆山饭店聚会，庆祝颁发"丁肇中物理学奖学金"。这天，五位物理界的熠熠巨星，共聚一堂，回忆过去，展望未来，漫谈是怎样走进物理世界的。

在聚会上，丁肇中表示，自己在中学时就听过杨振宁、李政道、吴健雄三人在科学上的杰出成就，心中十分钦佩，对自己后来有很大影响。

后来到密歇根大学读书，美国老师告诉他，30年代中国最重要的物理学者是吴大猷先生，是中国最初到美国的有成就的科学家，因而对吴大猷留下了深刻的印象。丁肇中认为杨振宁对20世纪的物理学提供了最重要的贡献。他说杨振宁的对称性及规范场研究，对整个物理界有重大影响。其间，杨振宁亲自替丁肇中写了篇"丁肇中小传"，这个小传后来印在了"丁肇中物理学奖学金"的证书上。

杨振宁说，丁肇中是当代最杰出的实验物理学家，他的工作特征是：方向明确果断，计划周详严谨。

杨振宁说，丁肇中在物理学中有许多卓著的贡献，除了1974年J粒子的发现，导致粒子物理学走入了新的方向外，丁肇中对量子电动力学的精确性、轻子的性质、矢量粒子的性质、胶子喷注现象，Z-1之干涉等问题的研究，都有十分重要的贡献。

他还特别介绍了丁肇中领导的 L_3 实验。

吴健雄则以"夜以继日地勤奋、谨慎、巧妙"形容丁肇中。她说，丁肇中初到哥伦比亚大学时，大家都知道来了一位非常能干的中国学生。

由于杨振宁是理论物理学家，而丁肇中、吴健雄、袁家骝是实验物理学家，随即话题一转，谈到了理论物理和实验物理的区别。

吴健雄说，国内的学生会读书，很会写文章，但是不注重实验，忽略了实验的重要性，这个观念需要改正。

杨振宁表示，他本来是学实验物理的，在芝加哥大学就想做实验物理论文，做了两年不成功，才放弃实验物理，"改行"到理论物理。杨振宁幽默地说："我是不会动手的人，改行是实验物理界的幸运。"

丁肇中也透露，自己当初大学毕业，决心学理论物理，研究的题目和群论有关，后来做了几个月，决心"改邪归正"，重新朝实验物理出发，丁肇中也幽默地说："因为实验简单，不是很聪明的人，都可以做很好的实验，但是做理论物理的人很多，有特殊成就的人很少。"

不过，他们都表示，一个做实验的人必须对理论物理了解，才能找出好题目，做出好文章。一个做理论的人，必须了解实验的规律，才能得到启发。

为了表彰丁肇中在粒子物理领域中的杰出贡献，1975年，他获得美国文理学会研究基金；1976年获得美国政府劳伦斯奖；1977年，获美国工程科学学会 Eringen 奖章；1988年4月，在罗马获得意大利颁发的1988年度卡斯贝里科学奖。他是第一位荣获这项奖励的非意大利籍科学家。

在这里，顺便说一句：

多年来，丁肇中的名字和成就，早已超越了国界，他除当选为美国科学院院士、苏联科学院院士外，还当选为中国科学院外籍院士、巴基斯坦科学院外籍院士，并先后被中国科技大学、北京师范大学、香港中文大学和上海交通大学授予名誉博士和名誉教授称号。

丁肇中历来十分重视培养年轻人，多年来，在世界各地和各种场合，不止一次地提到希望年轻人重视科学实验。他说："任何一门学问都有价值，青年人要紧的是找到自己的目标，全力以赴，发展所长。毋须受家庭、社会等其他因素的影响。"他认为，中国的家庭有一弊处，父母每每左右儿女选择工作，甚至强迫儿女顺从父母的看法，这样对孩子着实并无好处。

丁肇中说："物理研究是年轻人的工作，因为他们富于想象力，在研究微观世界时，能突破一般生活经验的概念，创造崭新的理论，来解释微观世界的现象。"为了鼓励中国学生投入到物理研究工作中，不久前，他在台湾设立了"丁肇中物理学奖学金"。

出资设立这项奖金的香港亿利达工业发展集团创办人刘永龄，在谈到设立这项奖学金的宗旨时说，丁肇中博士由于创造性的研究，曾获得诺贝尔奖，在国际上为民族争光，为纪念其杰出成就，并鼓励更多的杰出青年献身物理学研究，特设此奖学金。

苏姗·马克思以及贝克尔、陈敏、皮特，还有丁肇中年轻的学生、美国麻省理工学院物理学博士怀特等人，年复一年地在丁肇中带领下，辗转在欧美各国各大加速器中心兢兢业业地工作，他们不懈地探索着粒子物理学的奥秘。怀特说："1974年，我到麻省理工学院做研究生，也是在这一年开始认识丁教授。1977年，我到汉堡的DESY工作。在研制'马克—杰'探测器的过程中，我负责漂移室的研制，并且完成了博士论文，题目是'在PETRA探索新粒子'，丁教授是我的主要辅导老师，他对我帮助很大，他的思路非常清晰，处理问题非常果断，他决定做什么就要做什么，他决定后的事情不许提问题，决定问题以前，他找大家谈，倾听每个人的意见，决定问题后不许改变。如果中间发生问题，他总是千方百计地帮你解决，他是一位极端有个性的组织者。虽然实验的规模很大，但他能掌握得很有条理。如果哪个细节有问题，组织工作跟不上，供应工作跟不上，他就抓紧时间解决。"

这位年轻的女博士还说："Ting非常注重友谊，他得到朋友是很高兴的，特别好的朋友总是关心他。那时，我在'马克—杰'做数据分析，Ting规定两个组分别做，为的是使得到的数据准确可靠。有时，常常出现这种情况：人们常常兴奋地说自己发现了新粒子，误以为是新现象，Ting头脑很冷静，他在遇到这类情况时，总是告诫大家要反复探索，不忙于表态，到头来，他的意见是对的——排除了假象。

"在'马克—杰'时，实验组的会开得很经常，每天下午4点钟开会，听取有关人员汇报；探测器安装完毕后，每个礼拜开两次会，Ting对每项工作都了解，及时发现问题，解决问题，我们非常赞成Ting的作风。

"Ting带领我们做最好的实验，工作艰苦，但收获大，比如好多人说精度达不到，Ting说我们走着瞧，靠我们的工作说明问题。"

怀特博士还说："Ting 在国际上领导一个实验组，为了寻找新的物理现象，把大家组织到一起，使每个人都了解自己工作的意义，以及可能得到什么结果。他用很清晰的物理想法把大家组织起来，然后去实现这个想法，他是一位永不满足已有成绩的杰出的物理学家。"①

发现 J 粒子并且找到胶子存在的证据之后，丁肇中立即着手准备在欧洲核子研究中心的巨型正负电子对撞机上，进行更大规模的 L_3 实验。这项准备工作历时 6 年之久、规模空前的实验，有 14 个国家的 460 多位物理学家和 600 多位工程技术人员参加。实验用的 4 个巨型探测器——顶点探测器、电磁量能器、强子量能器，以及 μ 子探测器，不仅物理设计构思巧妙复杂，而且所需要的原材料都没有成品。为确保实验的成功，他从探测器的原材料质量抓起，直到这些探测器安装在 52 米深的地下隧道里，6 年中可以说几乎每天他都是日理万机。他要用人工的办法，模拟宇宙大爆炸的一刹那间，探索宇宙是怎样形成的。

---

① 怀特博士访问谈话，1990 年于欧洲核子研究中心 L_3 实验办公室。

J 粒子波澜及其他

J 粒子引起的波澜是这样深远。

瑞典皇家科学院在宣布将 1976 年度诺贝尔物理学奖颁发给丁肇中的贺电中说："这是在基本粒子方面最伟大的发现，它已改变了世界各地所有实验室的工作状态……"

事情还要从头讲起。

众所周知，高能物理研究花费昂贵，巨型高能加速器以及各种各样的粒子探测器的研究和制造，都是动辄千万甚至上亿美元的费用，由于连续多年发现较少，因而比较沉寂，比较萧条，因此各国政府都不太愿意为这项科学研究提供大量的经费。

J 粒子的发现，犹如一块巨石突然间投进了寂静的海洋，激起了一阵强劲的波澜。讯息传开以后，世界各国的报纸和电台纷纷就这次发现发表评论。当年 12 月 2 日出版的美国《新闻周刊》评论说："J 粒子的发现，是基本粒子科学的重大突破。对于近半个世纪以来，物理学家努力寻求解析自然界 4 种力的作用，具有重大的意义和贡献。"

"丁肇中教授的研究，为人类开拓了宇宙未知的领域，使基本粒子物理迈进了一个新的境界。"美国麻省理工学院院长杰米韦森说。

1975 年 2 月 14 日，美国总统福特写了一封信给丁肇中，恭贺他所领导的实验组发现了新粒子的重大成就。

福特总统在贺函中写道：

"亲爱的丁教授：

"获悉由布鲁克海文国家实验室和麻省理工学院组成的一个研究小组，以及斯坦福直线加速器中心与劳伦兹·伯克利实验室组成的小组，发现了新的、寿命很长的重粒子，我对此非常感兴趣。在此我仅代表美国人民，祝贺你和你的同事致力于这项重大发现的努力和贡献。

"我更希望，这种基础理论知识的重大发现，会导致科学的更进一步的突破，进而能够造福人类，对于美国研究计划能在各方面的科学范畴上保持领先地位，我尤其感到骄傲。"

福特总统最后在贺信中说："我确信，处理这项发现的新的实验工作，将会以高度的精神、热忱与兴趣来进行。我仅对在这方面力求成功的科学家们，致以最好的祝愿。"①

1976 年，美国政府颁赠 E. O. Lawrenee Award（劳伦斯奖）给丁肇中，以表彰他发现新粒子的特殊贡献。②

1976 年 10 月 18 日 12 时 16 分，瑞典皇家科学院通过欧洲核子研究中心给丁肇中发了一份电报，电报是以瑞典皇家科学院秘书长伯恩哈特的名义发的，电报说："瑞典皇家科学院今日以 1976 年诺贝尔物理学奖平分颁与美国丁肇中教授和美国 B. 里希特教授，以表彰你们在发现一种新的基本重粒子方

---

①②　吕一铭，薛兴国. 丁肇中的昨天和今天［M］. 台北：联合报社，1976.

面的先驱工作。"①

同一天，合众社从斯德哥尔摩发出如下电讯："瑞典皇家科学院宣布，两位美国科学家，因在寻找地球上最小质点——J粒子——的最伟大发现，今天共同获得1976年诺贝尔物理学奖。

"获奖者是美国麻省理工学院40岁（华裔）的丁肇中教授和美国加利福尼亚州斯坦福直线加速器研究中心45岁的里希特教授，他们在一完全新的基本质点上的各自独立发现，使他们获得这项荣誉。

"皇家科学院的艾克斯彭教授说：'这是在基本粒子方面最伟大的发现，它已改变了世界各地所有实验室的工作状态，由于这项发现，各实验室现在将寻求此一质点带来的物质新形式。'

"这项发现令人惊讶的部分是：丁肇中和里希特完全独立地做个人的研究，他们完全不知道对方研究工作的性质，而几乎在同时获得完全相同的发现。"②

J粒子发现以后，各国报纸纷纷发表评论，中国各地报纸都以大量篇幅刊登了有关这个重大发现的文章。港澳报纸在谈到它的意义时说："丁肇中带领他的实验组用300亿电子伏特的质子加速器去寻觅已经找了5年还无踪影的新粒子，在布鲁克海文国家实验室他和他的实验组经过近3年锲而不舍的努力，终于在1974年年底找到了一个新的、完全未预料到的、长寿命的新粒子。

"J粒子的发现，在物理学上的重大意义，在于它提供了一个有力的证据，证明存在着第四种夸克——粲夸克。从夸克模型看，J粒子是由粲夸克和反粲夸克组成的强子。在发现J粒子以前，人们认为所有已知强子都可由3种夸克

---

① 译自瑞典皇家科学院给丁肇中教授的电报。
② 见合众社电文。

u（向上）夸克、d（向下）夸克、s（奇异）夸克以及它们的反粒子以各种形式组成。"

喜讯传到中国台北，有关方面负责人立即分别给丁肇中打电报表示祝贺：

"谨向台端荣获 1976 年诺贝尔物理学奖，表示诚挚的道贺，此间的同事和我同致最高的敬意。"

"恭贺你获得这份至高荣誉，你的成就对全世界物理学家将具有莫大的鼓励……"

"此不仅为阁下在核子研究方面的杰出成就与辛勤努力的无上光荣，而且为阁下的友人的荣幸，我们皆因阁下而自豪……"①

诺贝尔奖，这是多年来世界各国的人公认的科学最高奖励和荣誉。丁肇中对这件事反应却很平淡。当时，他正在日内瓦郊区的欧洲核子研究中心专心工作。他的父亲丁观海教授闻讯后，自然是格外高兴。这时，已经年逾花甲的丁观海教授被这突如其来的、从大洋彼岸传来的喜讯弄得兴奋不已。他深知丁肇中获得这项殊荣不是偶然的，而是他对物理学执着地追求和刻苦勤奋地工作的必然结果。听到消息后，他立即拍了两封电报：一封拍到美国的波士顿勒辛顿丁肇中的住所，一封拍到日内瓦欧洲核子研究中心丁肇中工作的地方。

他在拍给丁肇中的电报中说："祝你荣获 1976 年度诺贝尔物理学奖桂冠！"

从瑞典皇家科学院传出丁肇中荣获诺贝尔物理学奖的刹那间开始，丁肇中便置身于潮水般的电报和电话中，他不仅无暇和家人们相聚，更无暇打电话向亲人们报告喜讯。10 月 21 日早晨，丁肇中在纽约机场给在台北的父亲打了电话。父亲问他收到贺电了吗？得到肯定的答复后，他对父亲诉苦说，自

---

① 吕一铭，薛兴国. 丁肇中的昨天和今天［M］. 台北：联合报社，1976.

从获得诺贝尔奖的消息传开以后，自己就一刻也没有安静过。他在电话中说："真是苦不堪言，接受从四面八方打来的电话、电报，比做科学研究还要辛苦！"

丁肇中爱开玩笑，他甚至开自己的玩笑。他说，得诺贝尔奖的唯一好处，是国外的中国餐馆都认识他，上菜上得快些。

父亲告诉他说，自己在家中的情形也差不多，也接到了许多电话和电报。在电话中，丁肇中希望父亲能和他一起去斯德哥尔摩参加诺贝尔奖颁奖典礼。他的父亲深知儿子工作起来就会废寝忘食，因而一再叮嘱他要注意休息。

其实，在那些日子里，丁肇中每天除了更加紧张地筹划新的物理实验外，还要应付各种各样的来访者和物理界同行们的问询，因此，他除了极少时间的睡眠外，很少休息。

被命名为 J 粒子的发现，在欧美高能物理学界引起了空前的轰动。这个发现究竟有什么意义？它对高能物理学的发展将会产生什么影响，这些问题都是人们极为关注的。为此，美国麻省理工学院的 4 位研究生，曾对丁肇中进行了访问。[1]

一位研究生问道：丁教授，自从你们和斯坦福大学各自宣布发现 J 粒子以后，物理学界及新闻界到现在还有许多故事传言，这 J 粒子的发现在物理学上究竟有多么重要？

丁肇中答道：自发现奇粒子，推翻守恒律和找出两种中微子以来，J 粒子是高能物理学近十多年最重大的发现。现在世界各地的高能物理实验家差不多都在设计或进行有关 J 粒子的实验，试图解答它所引起的问题。

问：可不可以解释一下 J 粒子在高能物理学上的地位？

----

[1] 转录自丁观海教授提供的记录复印件。据台湾《联合报》发表的题为《实验以验实——访丁肇中教授》一文称：访问记录经丁肇中校阅后在香港一杂志发表。

丁：我们虽然已基本上明白了分子和原子的结构，但对核子方面，比如核子间的强作用力和相关的数百种基本粒子，仍然认识得非常有限。据一般的了解，基本粒子可以就它们参加的各种作用力划分，但 J 粒子似乎不属于任何这等类别，它对现存各种高能物理概念，提出更多的疑问，将高能物理学带入一新境界。例如比粒子质量很重而寿命很长，违反了一般的想法，就像在桃花源发现了活到一万岁的老人，怎会不令人惊诧呢？

问：这粒子可不可能在已知的四种作用力之外，外含了另一种新的第五种作用力？

丁：现在各国有许多实验推求此粒子的性质，到现在还未能确定它是否具有强作用力，或是其他。另一种可能性是这个粒子也许能将几种原来不相同的作用力联系起来。

问：引起你们这次发现的研究动机是什么？

丁：我们的主要目的是在寻找与光子相类似的各种长寿命的粒子。用高能光子轰击核子是研究高能物理的好方法，以前用这种方法发现了光子可以变成质量重、寿命短、具有强作用力的四种不同粒子，这四种粒子的能量都在 0.7 ~ 2 GeV 之间，我们实验的一个目的，就是搜寻在其他能量范围里有无相似的粒子，并测量光子与这类粒子的强度。从理论上的推论认为在 10 GeV 以上会有传递作用的量子，这也是我们寻找的对象之一。结果，我们在 3.1 GeV 发掘了这 J 粒子。

问：那么，这发现算不算是偶然的？

丁：科学上的发现通常都是努力工作得来的，极少碰巧幸运。当然，J 粒子的发现也不例外。部分原因是我刚才提到的 4 个粒子，我一直怀疑从 1 ~ 10 GeV 还会有新的重要的基本粒子，以前有人寻找过，没有找到，也有人认为绝不会有。可是，我坚持自己的观点，有系统地设计实验，要搜遍从 1 ~

50 GeV 的能量范围，到现在还没有搜完。再说，像这类花费极大的大规模实验，谁肯让你动辄花上上百万、千万美元去碰运气呢？

问：希望您能略述一下您的发现过程。

丁：为了有系统地寻找新粒子，我和陈敏、余秀兰、梁智杰及其他研究人员设计了三个大规模的实验，一个在德国汉堡的同步加速器研究中心（DE-SY），专找在 0.5 ~ 2 GeV 的能量范围内的粒子，一个在纽约的布鲁克海文国家实验室（BNL），范围包括 1.5 ~ 5.5 GeV，最后一个在瑞士日内瓦欧洲核子研究中心（CERN），包括 5 ~ 50 GeV 的范围。我们花了近 10 年的时光，克服了实验上的种种困难，发展了使实验得以成功的种种技术。到 1974 年 8 月，我们开始在美国布鲁克海文国家实验室的质子碰撞实验中观看到了一个新粒子的产生，这个粒子渡过一个在核子标准来说很长的寿命后，分解为正负电子，就是 J 粒子。从当年的 8 月到 10 月，我们完成了很多实验来核对这个发现，或者叫验证这个发现，证明确实无误之后，到了当年的 11 月，才正式地宣布。美国斯坦福大学直线加速器中心（SLAC），也于当年的 11 月从与我们相反的高能作用中发现了这个粒子。并与我们同时分别宣布了这个发现，并分别在 12 月份发表了论文。

问：您把这个新发现的粒子命名为 J Particle，有没有什么特别的含义？

丁：我们通常用字母 J 来代表电流，因为这个新粒子分解为正负电子，所以就名之曰 J Particle。

问：但是，很多人都以为那是因为 J 与您的尊姓形似的缘故。

丁：哈哈，这个说法是李政道先生首先注意到对我讲的，初次听到这样的解释时，我和我的同事们都感到很意外。

问：中国文字本来就是象形的，我们把它译作"丁粒子"，请问，您是否赞成？

丁：我无所谓，随个人自己吧。

问：斯坦福大学那一组人把它命名为 φ 粒子，关于这个新粒子，大多数物理学家究竟采用哪一个名称？

丁：大致说来，美国东部和欧洲的科学家们都称它为 J 粒子，加利福尼亚的人们称它为 φ 粒子，在日本的物理学界，两个名称各占一半。最近，我看到两篇在中国发表的有关论文，当然是理论性的，一篇用的是 J 粒子，一篇用的是 φ 粒子。

问：自从你们发表第一篇有关 J 粒子的论文后，到今天大约有 10 个月的时间，其他实验室已经陆续发现了几个与 J 粒子类似的粒子，这些粒子在你们研究的作用中却见不到，是不是因为斯坦福直线加速器中心研究的作用比你们的较切题？

丁：我们两个组研究不同的两种相反作用，是相辅相成的实验。大致来说，我们的方法有利于搜寻新粒子，但是，一旦断定了这个粒子的质量后，斯坦福大学研究组的方法有利于研究它的性质。当然，现在世界各地的实验室都有些搜寻粒子的设备和技术了。

问：是否知道了新粒子的质量后，就很容易找到它？据说意大利 ADONE 组经余秀兰通知他们有 3.1 束电子伏的新粒子后，便很快地发现了 J 粒子，与你们及斯坦福同时发表论文。

余秀兰（当时任丁肇中助理）在座并插话说：不错。我于 11 月 11 日告诉他们，他们于 11 月 13 日开始搜寻，15 日便已经找到了。

问：斯坦福的实验组是什么时候找到的？

余：11 月 9 日左右。

问：关于 J 粒子的发现，你们和斯坦福大学似乎竞争得十分激烈，这是不是一个好现象？

丁：任何善意的竞争都是好的，竞争可以推动科学向前发展。

问：但是，科学上的竞争也时常发展到互争功劳，例如谁先发明之类。

丁：谁做了什么，谁先发明了什么？大家心里有数，别人也看得很清楚，其实没有什么可争的。

问：在理论和实验两方面，现时有关 J 粒子的研究情形怎样？

丁：J 粒子引起一连串的基本问题：究竟还有哪些类似的长寿粒子？为什么这类粒子如此稳定？这粒子究竟参加强作用力抑弱作用力或其他的未知的作用力？它是否牵连着我们还未认识的新原理？除了各种新实验外，理论家们已推出了约 1 000 篇论文，包括数百种不同的设备，但没有一种能令人满意。

问：虽然大部分高能物理学家都承认未能真正了解 J 粒子，但不是也有些人宣称曾预言这种粒子的存在吗？

丁：我知道有些理论物理学家这样说，不过据我了解，直到现在还没有使人满意的理论。

问：你有没有仔细研究过这类理论？

丁：没有。要真正了解这些理论的实质，泛阅根本没有用，一定要明白每一步的推理，我没有时间和耐心做这些工作。

问：那么，你怎样知道这些理论未能完满解释 J 粒子？

丁：我常和理论家们讨论切磋，如李政道、杨振宁、费曼等人。我认为这样的讨论比埋头读上 1 000 篇论文有用得多。

问：你认为理论家是否能帮助你选择或设计实验？

丁：世界上有两种实验工作者，一种听理论家的话，理论家综合许多实验结果及旧学说，推陈出新而有了新的猜测，由实验家去求证。另一种却凭自己的判断去选择实验，我是属于后者，一向争取去做自己认为重要的实验，我以为一个研究工作者应能直觉地知道各种研究问题的相对重要性。

问：怎样才可以获得这种直觉？

丁：一个实验工作者可以综合种种科学资料，不经理论家做详细的计算（有时常因资料不全，算也无从算起）而做某一种猜测，这种能力当然不是与生俱来，而是在积累经验中培养出来的；不过，这仍然说得太笼统，我绝大部分时间花在工作上，对治学方法等哲学问题很少深思，也许20至30年后可以答复得详尽一点。

问：丁教授，就你的经验来说，"大胆假设，小心求证"，是不是一个适合应用于实验研究工作的原则？

丁：如果你把它的意思放松一点，做如下的解释答案是肯定的。大胆带有革新的意思，我把"大胆"解释为不墨守成规，但不是故意去标新立异。大胆假设我解释为敢于破除成见的束缚，小心求证我解释为不发表不成熟的结论。

就拿这次J粒子的发现来说，虽然没有包含什么假设，但其中也有"大胆"的决定。记得我们开始着手设计进行这项实验时，我的很多科学家朋友们不是认为这项实验太难，不能做好，就是认为根本不会从这个实验中看到什么新奇的东西。这些意见都很使人泄气，但我仍然勇往直前，因为在我的心目中，他们的理由都不够充分，很多甚至是基于纸上谈兵的各种理论而已。

问：你们在这次发现过程中，做了各种试验来检查你们的实验结果，否则你们可以更早地宣布这项发现，这种反复寻求错误的态度，无论在科学上或是人生上，都比"求证"有更积极的意义和作用，你认为对吗？

丁：不错。在物理学界你可以犯上一两次错误，往后便没有人会再相信你的话了。和我一起工作的人从未发表过任何错误的结论，所以我们讲的话人家都信服。有些人整天说这说那，像有些高能物理理论家，一心只想发表论文，结果全是错的，绝不是研究科学的态度。

问：你是否认为发掘事实的实验比试验理论的实验更重要？

丁：物理的基础在事实，我们不能凭着自己的好恶随意大胆假设，必须先有了由实验为基础的事实，才能基于它们建立理论假设。在物理学发展史上，除了一二例外，所有大进步全由实验家造成，例如量子理论便是从原子光谱的研究而得来。

问：谁是你最崇敬的物理学家？可否举一个还健在的及一个已故的人？

丁：我最好别提还健在的，一则人数太多，再则容易引起误会。已故的也很难说，让我想想——大概是法拉第（M. Faraday），嗯，我也曾想到伽利略、牛顿、麦克斯韦（James Clerk Maxwell）等人，但不知怎的我还是最喜欢法拉第。无论在成就、人品及背景上，他都可称得上是一个伟大人物。你们知道他的背景很差，是苦学生。这显示出只要你肯干，肯自强，一个普通人也可以有伟大的成就。

问：你认为高能物理学将来可能会对人类发生重大影响吗？

丁：我不知道，相信有可能。未来茫茫难预料，你看盘尼西林发明前，谁能料到今天很多疾病都可以治疗？在高能物理学来说，我们只是尽力发掘事实，寻求物质的基本结构，至于它有多大用途，就很难说了。

问：研究很多问题都有价值……但我们精力财力有限，你认为应该优先研究哪些问题？

丁：我认为生物学、医学等可以用来控制疾病，是比较迫切的问题。

问：20 至 30 年前物理学风行一时，年轻人一窝蜂读物理，直到数年前才开始冷下来。你是否觉得今天有物理学者过剩的现象？

丁：好的物理学家永远不会过剩，只会嫌太少。较平庸的呢，在实验界可以容纳许多。我记得刚进研究所时乌伦贝克尔教授——电子自旋的发明者——对我说的一番话，我一直认为很对：假如你想做一个理论物理学家，你一定要极出色才有用，一个普通的理论家简直毫无用处，但一个普通的实验家却可以有些贡献。遗憾的是，许多有志于科学的中国人都不愿做实验，而要做理论。

问：这是否主要由于中国人不像外国人那样自幼便玩模型、修汽车等，以至于对实验仪器比较陌生？

丁：我不赞成这种说法，为什么中国儿童不玩模型？没有钱嘛！你们看今天的日本可算是高度工业化的国家了，但是日本人仍然有很大的重理论轻实验的倾向。东方传统一向认为"劳心者治人，劳力者治于人"，动脑筋的一向比动手的高一筹，我认为传统是对中国科学家最主要的影响。

问：你是怎样成为一位实验物理学家的？

丁：完全是巧合。我念大学时原来也想念理论物理，进研究所初期也在做着群论的计算。我在研究所的第一个夏天，有位教授问我肯不肯去加州做一份实验性质的暑期工作？如果同意去，他们将负责我和我妻子的旅费。因为我从未去过加州，便一口答应了，就这样与实验物理结上了缘。我很幸运，那两位教授不大管我，我没有依靠，凡事都要自己动手，所以学得很快，当然我要工作得很勤奋。我一直对自己的工作十分有兴趣。有些中国学生则不然。

问：为什么呢？

丁：很多中国学生来时满怀壮志，都以为自己伸手便可摘到天上的星星，他们要做最"高级"的理论，如场论之类，满心以为可以一举成名天下知。他们对自己缺乏正确的估计和认识，对工作情形也不清楚。须知物理研究工作并不保证一定会有好的成果，更不用说眼前的酬报了。始而好高骛远者，卒之所成甚少，怎能不郁郁不快？

问：美国人是否也有这个毛病？

丁：美国人的情形我不清楚，但我从各地观察，研究高能理论物理的中国人大部分不快乐倒是真的。大概中国父母望子成龙心切，家庭及社会压力都比较大，这也是其中原因之一。至少在台湾是如此，相信香港也差不多。

问：问题是当一个青年选择研究工作时，对各科情形所知都极少，他该怎样去选择呢？

丁：这很难说，我想假如他们能踏实一点，从事一些较实用一点的研究工作，如固体物理等，情形可能比较好一点。选科确是一件极难的事，谁能料到将来会有什么事情发生？

问：以你现在所知，假如你要从头再来一次，你会做些什么？

丁：也许是高能物理，也许是生物学或天文学，但仍会是一个实验工作者。

问：那些因入错行而苦闷的人该怎么办？

丁：穷则变，变则通，假如你一成不变，那你紧抓着的不过是一张郁郁而终的保证书罢了。

问：你和许多不同国籍的人一起工作，能不能融洽愉快？

丁：完全没有问题。虽然大家背景不同，观点习惯有所出入，但在互相交流切磋中，反而能更全面地观察问题。一般说来，德国学者较美国保守，较少创新，但德国人工作勤奋，快捷准确，效率很高。比较起来我觉得德国的环境对研究工作最有利。

问：那是否由于德国传统学术气氛浓厚的缘故？哲学在德国的地位是否仍然很高？

丁：不错。在德国，哲学的地位仍很崇高，但已在走下坡路了，只有很少人读哲学。不比50年前，现在德国聪明的学生多数读医或法律，做医生的收入很可观；在物理学界，较好的学者多半研究比较实用的问题。

问：德国物理学界人士是否都像海森堡一样喜欢讨论物理学和哲学的相关问题？

丁：我不清楚，一个人老了就会思索这类问题，当你整天要工作时，可以思索的问题实在很有限，都不过是些目前最迫切的问题。

问：在美国物理学界，要生存下去非要不停地发表论文不可，在欧洲有没有这种情形？

丁：你说得不错，除了一些名成功就的人以外，不发表论文的人很快便会消失不见了。这种压力在欧洲更厉害，比如在德国，计算论文的方法更精致，假如一篇论文有10位作者，你只算发表了1/10篇。在瑞典，你的升任、薪金等，全由政府决定，而政府则只看你发表论文的数量，不论质量，这种鼓励滥造大批无用论文的情形实在不是很健康。

问：但这样是否会使人工作勤奋一点？

丁：不错。

问：从另一方面看，这种情形使人不敢去碰困难的问题，只选些可以很快解决的容易题目，你认为有什么方法可以改善？

丁：这我就不知道了。

问：你觉得台湾的教育制度怎样？

丁：台湾的中小学教育很好，我的中学教育非常好，基础很扎实。与美国比起来，台湾较为保守，较注重填鸭式的灌注，但我认为在某一年龄前这种教育方式并没有什么不妥，甚至需要。一个人在扎根基时是要痛下苦功的，倘若自幼便思而不学，将来难免流于轻浮。

问：那么，你是否赞成现在中小学教育的新式数学？

丁：当然赞成。我认为这是一个很好的教育方法，极好。我的大女儿才入中学，我看过她的数学教科书，它给我的印象很好，很深刻。它以简单明了的方法，使孩子对数论、组论等有一个清楚而广泛的认识，培养他们抽象的推理能力，不至于学而不思。新数学还有一个好处，它使家长们不能做枪手，我的妻子便完全不能代替孩子们做功课。

问：但是，反对新数学的人指出，现在孩子们学了一大堆空泛的抽象理论，却连普通的加减乘除都不会计算，这岂不有点思而不学？

丁：这话不正确，据我所知学校里也同时教传统数学，两样都有。

问：在研究所里，你认为一个教授对他的学生的影响如何？

丁：很重要。有些教授喜欢把学生留上 7 至 8 年，我认为这样不很好，我自己则多让学生两年毕业。

问：你认为他们能在两年内从你处学到足够的东西吗？假如他们不能完成又如何？你赶他们走？

丁：我从不随便收学生，而我的学生也要工作得很勤奋。我认为能从任何一个人学到的东西很有限，两年时间已足够了。况且学无止境，学生毕业后难道就不需要继续学习了吗？我本人也只做了两年研究生。记得那年耶稣圣诞，我对教授说我该毕业了，他很通情达理，说："对，但你要写一篇论文。"于是，我趁假期写了一篇短短20页的论文，便离开了。你知道，通常很少人会详细地看学生的毕业论文，写长的简直浪费时间，反正你要在别处发表的。我通常对学生说，我教你写毕业论文，两星期便足够有余了。

问：你这样一说，相信一定有很多人要抢着做你的学生了。

丁：我事先解释给他们听治学之辛劳，有时要连续工作两昼夜不息，就把大多数人吓跑了。

问：你平均一天工作几小时？

丁：看情形吧，在一个新实验的开始阶段，我有时两昼夜连续不断地工作，平时我也睡得很少。

问：你的家庭生活对你的研究工作有没有影响？

丁：我想没有太大的影响，不过家庭确实会影响事业，为了便利工作的关系，我和太太及两个女儿曾迁居汉堡数载，在这期间我自己频频飞行来往于美国麻省理工学院、汉堡及其他地方。我的妻子是位建筑师，因为欧美制度不同，她有六七年时间放弃了工作。

问：你的女儿说中文吗？

丁：说一点儿，她们的德文说得很好，因为她们在德国长大。

问：现在你的家在波士顿，在麻省理工学院任教，而3个实验室则分布在欧洲和美国，你又怎样维持这个局面？

丁：与在汉堡时一样，我有20位博士同事，来自近10个国家，他们分别住在3个研究所，我自己则频繁来往于4个地方，算起来我飞行的距离已远远超过了平均失事的飞行距离，不过，用不着担忧的，我下次飞行的失事机会率仍然和你们一样。

问：余秀兰，你们是否与丁教授工作得一样勤奋？

余：我们组的人都工作得很勤奋，而且也得随时准备周游列国，就像我前天晚上才从纽约回来，今晚又得启程往瑞士去了。

问：丁教授，你有什么嗜好娱乐？

丁：我喜欢游泳，这还是在台湾时学的。我也爬山，不过最近比较少了。一般说来，我比较喜欢户外运动。

问：你看不看科学幻想小说一类的书籍？

丁：不看。免得你们再问，我也不看武侠小说，但我认识的中国物理学家们差不多人人都喜欢看。余秀兰，你的丈夫（吴大俊，哈佛教授）也看，是不是？

余：不错。我自己却很少看，不过我看过的几本倒还好。

丁：我觉得武侠小说没有什么意思。

问：不论武侠小说有没有意思，如果把它作为娱乐，原不需要有什么特别意思。

丁：这倒不错。也许我太认真了一点。

问：其他书籍呢？

丁：我看过《三国演义》《水浒》《红楼梦》等，不过我还是比较喜欢看历史书籍，尤其是关于中国历史的。我的中文程度不够，不能看用古文写的史书，只能看白话的。

故国情深

"小时候，我在中国的战乱中成长，以后又多年生活在国外，看到中国的进步是很高兴的。当我看到代表各民族、各团体的群众欢乐地参加庆祝游行时，心里是很感动的……"

丁肇中虽然少小离开中国大陆，然而，他对自己的父母之邦却有着极为深厚的感情，无论是在顺利的时候，还是登上科学高峰时，他都没有忘了自己的根。除了在获得诺贝尔奖时那篇著名的演讲中他讲过的那番寓意深情的话外，在各种场合，他都不时地流露出对祖国的深情厚谊。

他说过："中国是一个具有悠久历史和有过影响深远的科学发现的国家。我相信随着稳定、对科学事业的不断鼓励和支持，在未来的年代里，中国必将会对科学作出许多十分重大的贡献。"①

1987 年，丁肇中在香港接受中文大学颁授的荣誉理学博士学位期间，接受了香港大公报记者的采访。

---

① 丁肇中. 在探索中：一个物理学家的体验 [J]. 青年科学家，1982（1）.

　　记者问他说：你曾说过，中国人在研究理论方面比较优秀，在实验方面较差，你认为原因是什么？

　　丁肇中回答说，中国传统的哲学方法，据我所了解，不太适用于研究自然科学，比方说，物理学上没有真正不变的定律，这是最基本的。

　　中国有占世界 1/4 的人口，但并没有占世界 1/4 的科学贡献，这是有一定原因的。我认为传统教育是一个重要原因，只顾考试，不重视研究自然科学。

　　记者又问：你认为中国科研水平现在在国际上的地位如何？

　　丁肇中说：在数学上是很好的，在一部分理论上，比如说低温、超导、生物化学方面，是很好的。在高能实验物理上，在电子计算机方面，我认为还是有点距离。[①]

　　1975 年 11 月 7 日，丁肇中乘坐的飞机降落在了北京机场上。在这之前，他透过飞机的舷窗，深情地注视着阡陌纵横的中国大地，想到就要见到阔别 28 年的亲朋好友时，自然是很高兴。

　　这天，他神情激动地走下飞机，快步向欢迎的人们走去，当他那高大健壮的身影，出现在他的姑姑、姑夫们的面前的时候，大家都很是兴奋。

　　这时，他的姑姑、姑夫们都已成了老人，幼年时一起嬉戏、玩耍的堂姐，也已人到中年了。而在场的人们想不到的是，他竟能一眼就认出了每个人。他一面兴奋地和大家握手，一面称呼着每个人："二姐！""大姑夫！""姑姑！"……

　　一位前去迎接他的中国科学院负责人见此情景，在一旁开玩笑说："丁教授，你这是回到了娘家！"

　　丁肇中听了，不以为然地说道："怎么说是回娘家，我是回到了自己

　　————————————

　　① 摘自 1987 年丁肇中在香港接受香港中文大学颁授荣誉理学博士学位期间，与香港大公报记者的谈话。

的家!"

回到中国,他在北京饭店的一个套房里安顿下以后,特地到商店买了一套布料的中山装穿上,诙谐地对身边的陪同人员们说:"回到中国,就不能再像个洋人,而要和普通的中国人一样!"沉吟片刻,又说:

"我要穿上这套衣服,照一张相片,寄到美国去!"

这一年,在中国大陆逗留的日子里,丁肇中兴致勃勃地到工厂、农村、学校和科学研究单位参观访问,他亲切地同工人、农民、学生和科技人员攀谈,一路上所见所闻都感到很新鲜;他对幼年时住过的地方更是一往情深。一天,他特地到重庆附近的磁器口西南教育学院参观。旧地重游,无限感慨。望着奔腾不息的嘉陵江,儿时随父母在这里度过的艰难岁月,又浮现在了眼前。他在曾经读书的重庆磁器口小学参观时,这里的小学生们根本不曾想到站在自己面前的这位风尘仆仆的客人,竟是自己杰出的校友。在这里,丁肇中用道地的四川话和同学们交谈,见此情景,孩子们惊喜地用四川话嚷道:"呀,这个日本人,会讲四川话!"①

过后,丁肇中谈到参观访问的印象时说:

"国内的情形,和我在国外想象的完全不一样,真是发生了翻天覆地的变化。尤其是人与人之间的关系,变化真是太大了!"

在这次来访中,他还到了延安,延安的乡亲们热情地接待了这位杰出的同胞。访问中,丁肇中时而在清凉山下漫步,时而俯身走进乡亲们的窑洞,他盘起腿来笑吟吟地坐在农民的热炕头上,津津有味地喝着小米粥,吃着熬南瓜……

在这之后,也就是粉碎"四人帮"之后,他又来访。此时中国大陆已被"四人帮"搞得乌烟瘴气。他对"四人帮"的种种倒行逆施很不理解,尤其是对孔子和《水浒》的批判,他非常关注,说道:

---

① 丁肇中教授访问谈话,1990年于欧洲核子研究中心丁教授办公室。

"山东历史上有两个有名的历史人物，现在都受到了批判，一个是孔子，一个是宋江。孔子思想束缚中国 2 000 多年，阻碍社会的前进，应当批判。可是，我的父亲不同意，为这件事，我在夏威夷还和他争论了一番。但是，为什么要批判宋江呢？我们大家都看过《水浒》这本书，都觉得宋江是个好人！"

这次回来，尤其使他想不通的是，"四人帮"还非常露骨地亵渎科学。

"我不明白，他们为什么要反对科学呢！这些人真蠢。在中国历史上，科学还是很受重视的，他们还不如过去的皇帝！"

尽管当时在中国发生的许多事情使他困惑不解，但他还是尽力帮助中国发展科学技术。

在访问期间，丁肇中还到各个大学和科研机构开展讲学和学术交流活动，他给国内的同行们详细地报告了他多年来所从事的研究工作。在访问中，他兴奋地向中国的同行们报告了著名的 J 粒子的发现经过，他从选择实验的物理思想，设计实验时考虑的问题，可能导致的误差和实验仪器的挑选、制造、安排，直到实验结果的反复检验和分析，都耐心地做了介绍。

两年以后，一个秋高气爽的日子，丁肇中又风尘仆仆地回到了中国，这次回来，同行的还有他的两个女儿。

在谈到为什么让女儿们也一同来访时，丁肇中说：

"让她们也多了解一些中国的情况，这样可以使她们对中国有较深刻的认识和感情。"

人们根据他的上述意见，特地领着他的两个女儿到农村和中小学去参观访问。

访问中，丁肇中真诚地表示，他愿无保留地帮助中国发展科学技术。他说："我愿尽最大的努力和中国的同行们讨论科学上的问题。"①

---

① 中科院外事局陪同人员访问谈话。

1977 年 8 月 11 日，邓小平在人民大会堂会见了丁肇中。在会见中，邓小平说：

"科学是老老实实的学问，一点不能弄虚作假，我们一定要搞好科学研究，'四人帮'很蠢，他们胡说什么知识越多越反动，把知识分子说成是'臭老九'，科学技术是人类创造的共同财富，学习先进的东西才能超过先进。"

邓小平请丁肇中谈谈访问中国的观感，丁肇中说："我们这次来中国参观，看到大家很有干劲，都想把科学技术搞上去，我相信中国这么大，人口这么多，搞科研的历史这么久，一定会出人才，会很快赶上科学先进水平。"

会见以后，邓小平在人民大会堂设宴招待了丁肇中和他的家人，中国科学院的有关负责人吴有训、张文裕等出席作陪。①

1978 年秋天，丁肇中再次访问了中国。

在这次访问中，丁肇中花了很多时间和中国的科技人员讨论了高能物理研究中的实验工作方向。讨论中，他以一位杰出实验物理学者丰富的经验和亲身经历，谈了高能物理实验工作的目的，当时有人诙谐地把他的研究事业与电影事业的拍摄相比较：都是属于长年累月地大预算地制作、有无数专家们参与这项制作，以求表达一个风格形象时，丁肇中立即表示非议，说："研究事业与电影事业不同处是，电影的拍摄是为了娱乐大众。电影看完之后，观众很快地忘记了电影中的一切。而我们所从事的实验工作，有一种永久的价值存在。"

在讨论中，丁肇中谈了做实验应当注意的问题，他深有感触地说："第一个实验十分重要，如能首战告捷，不仅会鼓励科技人员的士气，而且将会对世界产生很大影响。"

在和科技人员座谈的时候，他还介绍了组织大型实验的经验，当时，他领导的由许多国家的科技人员参加的实验组已有 11 年的历史，除获得诸如发

---

① 摘自邓小平会见丁肇中谈话记录，1977 年 8 月 11 日。

现 J 粒子等重大科研成果外，还先后培养了 200 多名具有博士学位的科技人员。

在讲学、座谈之余，丁肇中还兴致勃勃地带领全家人到中国各地旅游，他在参观游览和与人们的交谈中发现，中国结束了长达 10 年的动乱，各方面都有进步，他高兴地对人们谈到回国后的观感时说："如今的气氛和两年前大不一样了，看得出来，人们的情绪很好，心情舒畅！"

一天，他和女儿来到风景秀丽的杭州西湖畔，他在这次旅行中饱览了西湖的胜景，心中还在想着如何尽自己的力量为中国发展科学技术做些事情。

他说："大学毕业的学生最好不超过 20 岁，这样，将来一旦搞起科学研究来，才可以保持旺盛的精力。"

总之，正如鲁迅所说："灵台无计逃神矢"，丁肇中虽然工作、生活在大洋彼岸，但是，他的中国血统却丝毫没有改变。

有一次，他在香港停留。当地报社记者围着他采访，问他有什么爱好，他诙谐地说："我也不是没有嗜好，我最爱中国美食，在欧美也常有中国食物，但没吃过像香港这么好的。"

丁肇中虽然是搞尖端科学的，但对中国传统文化却极为喜爱，他喜欢研究历史，喜欢听相声，听评剧，他最大的爱好是收集线装书。有一次，他在香港收集到两册明史演义，高兴得不得了，逢人便说，仿佛科学研究工作有了突破一样快乐。

1978 年春天，丁肇中在汉堡的电子同步加速器研究中心主持的实验组，接纳了中国科学院高能物理研究所的第一批科技人员到这个中心工作。

那是一个温馨的春日，苏姗·马克思受丁肇中的嘱咐，亲自从汉堡飞到巴黎，她冒着春天早晨的寒风，举着标语牌，标语牌上用英文写着："欢迎来自中国的物理学家！"在机场上热情地欢迎以唐孝威为首的 6 位中国科技人员。

苏姗回忆说："从飞机上下来的旅客中，见到许多中国脸，我就想，他们一定是中国高能物理代表团，这就是我们和中国合作的开始。"

随后，她带领中国科技人员从巴黎飞到波恩，然后乘火车到达汉堡，丁肇中亲自到汉堡火车站迎接大家。①

"当时，我们都不能熟练地讲英语，为了使大家很快地投入工作，丁教授亲自委派马克思小姐，还有他的两个女儿，放弃休息时间教我们英语。"中国科学院高能物理研究所的研究员马基茂说。②

中国科学院高能物理研究所研究员唐孝威，作为当时领队，回忆起那些难忘的日子，也很激动。他说："我们 10 人分别于 1978 年 1 月、3 月到达汉堡的德国电子同步加速器研究中心丁肇中实验组实习、工作。在一年多的时间里，参加了丁肇中教授领导的'马克—杰'探测器的建造、制备、安装、运转等工作，对国际第一流的高能加速器物理实验有所了解，学习高能物理有关知识，掌握了探测器、电子学、计算机等方面的技术。"

在丁肇中教授的热情指导下，中国科技人员分别在漂移室、计数器、电子学、计算机在线和计算机离线上学习和工作，他们和各国同行一起制造各种探测器，检验电子学仪器，学习取数据和分析数据，并且代表丁肇中小组首次在美国物理年会上报告实验结果，当大会主席向与会学者介绍"这是中国代表首次在美国物理年会上做学术报告"时，场上响起了一片极为热烈的掌声。

过后，唐孝威等 10 位科技人员总结说："由于大家的努力，我们完成了丁肇中教授分配的工作，在工作中加深了物理概念，也学到了实验技术和方法。因为国内没有高能加速器（注：当时北京正负电子对撞机尚未动工兴建），我们去汉堡以前没有做过高能物理实验，因而缺乏经验，再加上语言上

---

① 苏姗·马克思访问谈话，1990 年于欧洲核子研究中心 L_3 实验办公室。

② 马基茂访问谈话，1990 年于 CERN 招待所。

的障碍，我们刚去时困难确实不小，但是，想到祖国的需要，没有经验就虚心向有经验的同事学习，大家每天工作十几个小时，节假日照常工作，搞计算机的人员刻苦学习语言和计算方法，经常工作到次日凌晨。排的程序一遍通不过，修改后再试，有的要试过几十次，甚至上百次才能成功。由于付出了艰苦的劳动，终于逐步掌握了计算技术；搞探测器和电子学的科技人员，在丁教授领导下也和外国同事一起紧张地工作，在半年多的时间里，制造、测试、调整了数百个探测器和上千台电子学仪器，这些设备已经安装在'马克一杰'实验上，经过半年多的考验，证明它们性能良好，满足要求。"

通过学习和工作，唐孝威等人对于如何做高能物理实验有了感性认识，分别学到了计算机在线、离线、电子学、漂移室、计算器等方面的技术，这些技术都是高能实验的基本技术，回国后是很有用的。

再就是他们学到了严谨的科学作风。一年多的实验实践，使唐孝威等人深刻地体会到高能物理实验是一项规模庞大、各项技术紧密配合的实验，实验中来不得半点马虎。他们举了个例子：在 Mark-J（马克一杰）实验中有几百个探测器（其中漂移室的丝就有 8 000 根），由几千根电缆和 1 000 多台电子学仪器、计算机相连。如果其中有一个元件出了问题，就会影响到整个实验。有时候，在一个地方出了错，就会导致整个实验失败。因此，对仪器制造、测试、安装、取数据、分析数据等每一个环节，丁肇中教授都严格要求，注意培养他们严谨的科学作风。

唐孝威等人回忆说，在丁肇中教授的关照下，他们在英语方面也有很大的进步。过去，他们只能阅读英文文献。临近出国的时候，训练了两个月，因此，刚去时，语言有不少困难，开组会时，许多发言听不懂，后来，他们利用一切机会学习，在和外国朋友一起工作，一起生活的过程中相互交谈，过了几个月以后，在组会上大家的发言基本上都能听懂了。渐渐地，他们也可以在组会上交流工作，提出自己的意见和看法。

　　这位中国高能物理学者最后说：丁肇中教授首次接受中国人到他的实验室工作，热心为中国培养人才，是出于爱国心。他在高能实验物理方面很有成就，科学作风是严谨的，他的实验室是世界第一流水平的。他很强调动手能力，以及实践经验的培养。①

　　在谈到与中国科技人员的合作时，丁肇中说："近些年来，我与优秀的年轻的中国物理学家们在一起工作。我们共同从事两项研究：（1）除了胶子的工作以外，继续寻找新的粒子；（2）也许更重要的是用实验的方法去寻找自然界中四种力（万有引力、电磁力、强力和弱力）的统一。寻求对自然界的各种力的统一理论，是科学家们多年来梦寐以求的愿望。这可以追溯到几千年以前希腊和中国的科学家，直到现代的科学家如爱因斯坦和麦克斯韦。我们试图做的实验是去争取发现弱力和电磁力之间的耦合作用。依照我们现在的理解，这一目标很可能在近几年内达到。"

　　为了促进中国科学技术的发展，丁肇中为中国培养人才的热忱是始终不渝的。截至1988年，中国先后有260位科技人员到德国电子同步加速器中心和欧洲核子研究中心参加丁肇中领导的物理实验。现在，在北京正负电子对撞机上做物理实验的科技人员，大多数人都到丁肇中教授领导的实验组工作和学习过，这对促进中国年轻的高能物理学研究的发展是至关重要的。

　　在多次来中国讲学和访问期间，他还希望年轻人要为中国科学技术的进步贡献力量。

　　1979年10月，他在访问期间抽出时间给北京八中的学生们做了一次生动的报告，在报告中，他鼓励同学们做优秀生。这天，他健步走上讲台，对朝气蓬勃的学生们说："同学们，请问怎样才能做一个优秀生？这对中学生、大学生和研究生恐怕有不同的要求。中学和大学一、二年级的课程，都是基础课，非常重要，都应该学好；到大学后期或当研究生，就要对某一门课程深

_____

　　① 唐孝威等谈话记录，1989年于北京西郊中国科学院高能物理研究所。

入钻研，学自然科学的，就要能够找到自然现象与理论的矛盾，并且想办法展示出来加以解决。对于所有学生都有一个共同要求，就是任何时候都不要死读书，不要被分数牵着鼻子走，而要善于独立思考，勤于自己动手，使自己具备竞争的能力。"

"请问丁教授，您认为中国学生在这方面做得怎样?"有的同学问道。

"中国学生很聪明，学习很刻苦，中国送到美国去学习的学生，考试成绩一般都很好，但是做了研究生，成绩突出的往往不太多，也就是说，许多学生在中学、大学能考第一名，而到搞科研工作的时候就不行了。"丁肇中说。

同学们不解地问道："这是什么原因呢?"

思忖片刻，丁肇中说："原因是很多的。有些学生认为考个第一就达到目的了，缺少竞争所需要的独立思考能力。竞争就是尽最大的努力，用最快的速度和最好的质量超过别人。有人怕在竞争中被淘汰，其实，愈怕竞争愈要被淘汰，因为你不竞争人家在竞争嘛，竞争不是鬼鬼祟祟，不是勾心斗角，而是你激励自己比别人好，别人也可以激励自己比你好，只有竞争，大家才能努力向上，既突出了先进，又使得落后的坐不住，奋起直追，我们科研工作者之间的竞争是很厉害的，而我们又都很好地保持着友谊，及时地交换资料。"

过后，他又语重心长地向同学们谈了要培养独立思考能力、培养重视实验和动手能力等的问题。

丁肇中说："我主张作为优秀生思想要活一点，要大胆地追求问题，提出问题，始终保持旺盛的竞争状态。"

谈了这些，他又加重语气说："我很欣赏那些无论有多少人反对，都能站出来说明自己观点的人，这要有很强的独立思考能力，想超过别人，先要自己有长进，我搞科研工作，常常是考虑了一遍又一遍，觉得都想好了，再想一想，又有新进展。有一篇科学论文，我先后改了40多遍。换句话说，使今天的我超过昨天的我。每月每年都有长进。

"东方国家（包括中国）有些学生通常不会想问题，比较习惯死记书本范围以内的东西，这不能全怪学生，还要从师资和教材上找原因。

"现在处在知识爆炸的时代，老师要知道得多一点，经常给学生讲一讲科学技术的新发展，让他们知道当今世界科学技术的水平。如果讲课年年老一套，教材还是 20 年前的本本，学生头脑闭塞，怎么能开阔思想领域、激发竞争呢？"

当有人谈到有的学校只重视课堂教学，不注重培养学生的动手能力时，丁肇中说：

"这不对，学生具备动手能力非常重要，这是发现问题、解决问题、参加竞争不可缺少的条件，除了数学，所有自然科学都是实验在前，理论在后，物理、生物、化学，都是实验科学，都是实验领导理论。当然，这些话我并不是对轻视实验的人讲的，搞实验的人必须了解自己从事那门科学的理论，否则就找不出矛盾，永远跟在别人后面走。轻视实验，而偏重理论，也不会有什么重大突破。只有把动脑动手结合起来，才能使自己新的假想，通过实验的方法得到解释，从而在科学竞争中获胜。"

丁肇中虽然身在万里之外，但总是关注着中国发生的一切。当乌云满天的时候，他忧心忡忡；安定、进步的时候，他由衷地感到高兴。不仅如此，他还从繁忙的科学研究工作中，千方百计地抽暇归来，或是讲学，或是指导国内有关机构开展高能物理前沿方面的工作。

1982 年的春天到了。丁肇中再次风尘仆仆地从美国回到中国。这一年的 2 月 10 日，他专程到安徽合肥的中国科技大学接受了名誉教授的聘书，随后和这个大学的师生们广泛地进行了学术交流，并且亲自选拔研究生到他的实验组工作，同这个学校的师生们讨论了合作等事项。

过后，他说："从 1975 年起，我几乎每年都来访问，这次来访我看到中国又有了很大变化。"

1983 年，丁肇中再次归来。这年的 3 月 18 日，北京师范大学的师生们举行隆重的仪式向他颁发了名誉教授聘书。在接受聘书的仪式上，教育部副部长黄辛白说："丁教授不仅在科学研究方面有很高的造诣，而且在教学方面也有丰富的经验，他还时时不忘祖国的四化建设，关心祖国科学教育的发展和人才的培养，为促进中外科学教育交流发挥了积极作用。"

在一片掌声中，丁肇中笑吟吟地说："我今天能到北京师范大学接受这个荣誉，感到非常高兴。"他表示以后要多为中国培养一些科学人才。

1984 年秋天，北京秋高气爽，街头巷尾到处洋溢着庆祝建国 35 周年的欢乐气氛。

这年，受国家邀请，丁肇中前来参加建国 35 周年的盛大典礼。国庆前夕，他会见了已故总理周恩来的夫人邓颖超。会见后，丁肇中说："这是我第一次见到她，虽然她已经 80 岁了，她的头脑还很清楚，记忆力特别好，亲切近人，给我留下非常深刻的印象。"

这年来访，他再次见到了邓小平。谈到会见中的谈话内容时，他说："他对我们谈了中国下一步的城市改革计划，这是非常有意义的，使我特别高兴的是，像他这样高龄，对各种事情依然了解得很清楚，记忆力很好，头脑很敏锐。"

这一年，丁肇中曾三次来到北京，其中两次来挑选学生到他的实验组工作、学习和进修。

人们说："到你的实验组工作很幸运，名师出高徒呵！"

丁肇中听了，谦逊地说："要是有学习不称职的，责任也在我。"

谈到这次回来的观感时，他说：

"我上一次参加过国庆 30 周年的庆祝活动，这次又荣幸地回国参加 35 周年的国庆盛典，这 5 年来中国有了很大的进步，我觉得人民的生活比 5 年前有了显著改变。小时候，我在中国的战乱中成长，以后又多年生活在国外，看到中国的进步是很高兴的。当我看到代表各民族、各团体的群众欢乐地参加庆祝游行时，心里是很感动的。"

"经过 35 年的努力，中国已经从一个半封建半殖民地国家发展成一个在世界上受尊敬的国家了。"

谈到这里，他很感慨地说："这 5 年里，国内在科研方面的成就是很大的，从我接触的业务来说，科学院的高能物理所已是很有规模的了。北京正负电子对撞机建成后，一定会对增加人类知识做出重要贡献。高能物理是世界上最先进的科学技术领域，因而也是最困难的，研究高能物理要有加速器，目前全世界只有几个最先进的国家有高能加速器。高能物理的研究成果，一定会增加人类的知识。因此，占人类四分之一的中国，应该发展高能物理研究。有些人认为高能物理研究同实际生活无关，这种意见是不对的。这个世纪初，伦琴发现了 X 光，30 年以后才用到医学上，30 年代发现了中子，以及以后愈来愈多的新粒子的发现，高能物理研究的规模愈来愈大，涉及的学科越来越多，对仪器精密度的要求越来越高，因为它探索的粒子越来越小而且有各种不同的特点。因此，在加速器建成以前，物理人才的训练，实验题目的选择是很重要的。否则加速器虽然建成了，但很可能做不出像样的物理实验。"

丁肇中的一席话，给在座的人很大的启迪，对于北京正负电子对撞机建成以后的工作，无疑是很有益的。

1985 年夏天，丁肇中再次归来，这次回来，同行的还有他的女儿。他乘飞机游览了新疆，观看了少数民族运动会。

过后，他欣喜地表示："看了揭幕式，还看了叼羊比赛，真有意思。中国 55 个少数民族在一起开运动会，虽然并非竞赛，但是，表演多姿多彩，少数民族的服饰五彩缤纷，真美，如开嘉年华会。""这么多少数民族能欢聚一堂，各自表演传统的运动，是我从来没有见过的一些运动，使我增加了见闻。"他说："我的女儿也很喜欢看。"

年复一年，丁肇中回国访问时，都不止一次地、反复地强调实验工作的重要性。1986 年来访时，他对采访的记者说："中国人很聪明，这一点任何人都不怀疑。遗憾的是，传统不太重视实验科学，这是很可惜的。自然科学是实验科学，任何理论都离不开实验，这个世纪（20 世纪）科学上有发明创造的多是西方人，中国人的贡献不太多，中国人口占世界人口的四分之一，贡献应该大。贡献不多的原因是一向不太注重实验，我的看法并不是因为穷、仪器不好，最重要的是基本观念问题。这个问题，我不知道和我的那位老乡孔夫子有没有关系？"

讲到这里，丁肇中放声大笑起来。笑过之后，他又诙谐地说："我看他至少应负一定的责任，这样说，山东人可能对我有意见，以后我就不能回山东了。"

丁肇中还说："实验科学并不是动手，动手的应是技术工人。一位实验科学家应当彻底了解理论，只有彻底地了解理论以后，才能做出出色的实验成果。例如，华裔科学家中吴健雄就很出色，李政道和杨振宁提出的宇称不守恒的'李—杨假说'，就是吴健雄做的实验证实的。科学的发展不是少数服从多数，而是多数服从少数。也就是说，谁发现了真理服从谁。中国学生擅长背书，背书只能把别人发现的东西背下来，但仅仅这样是不够的，长久下去，就不能发展，因为不会做创造性的工作。"

他说："在中国青年中应当鼓励探索精神。中国科研机构有很多仪器，摆在那儿不用，台湾、香港也一样，我不知道是不是与我那位山东老乡孔夫子有关系？"说完，他又笑起来。①

---

① 顾迈男. 丁肇中教授谈 L_3 试验 [J]. 瞭望，1986（37）.

探索绵绵无尽期

　　丁肇中是一位永不满足已有成绩的实验物理学家。他总是不停顿地从一个科学高峰迈向另一个科学高峰。他认为，近几十年来，实验高能物理的重大突破，都与轻子和光子的精密测量密切相关。现今实验物理研究的目的，不是去证实特殊理论和某些预言，而是通过对轻子和光子具有最优分辨能力的探测器去探索未知，也就是说，寻找基本粒子质量的来源，寻找宇宙中最小的结构——这就是著名的 L_3 实验。

　　谈到 L_3 实验，这要先从高能加速器和探测器的发展状况谈起。

　　在瑞士日内瓦郊区和法国交界的地方，坐落着目前世界最大的加速器中心——欧洲核子研究中心，凡是到这里访问过的人们，在这个庞大的核子研究机构的墙壁上，都会看到一张式样奇特的挂图，图的背景是建筑物鳞次栉比的日内瓦城，圆圈的中心印着 3 个大写的英文字母：LEP。这是迄今为止全世界最大的正负电子对撞机的示意图。这台周长 27 公里、跨越瑞士和法国的巨型粒子加速器，能量高达 1 300 亿电子伏特，它用 1 个城市的电力，让正负电子在一亿分之一秒的时间里碰撞。在叙述丁肇中如何带领成百上千的科学家，历时 7 年之久，日夜赶制各种探测器，秣马厉兵、枕戈待旦，1989 年 7 月 15 日 LEP 运转后，用各种探测器从对撞机里引出束流，研究新现象，寻找新粒子之前，先谈谈举世瞩目的 LEP 的建造过程。

古往今来，人类一直在探索自然界的奥秘，寻找控制自然的规律。在过去的数百年中，已经取得了可喜的进展。人们发现世界上的物质尽管形态各异，浩如烟海，但它们都是由分子、原子组成的，而原子又是由原子核和绕核旋转的电子组成的；后来又发现原子核由质子和中子组成；现已知道质子和中子又由更小的更基本的粒子——夸克组成。"夸克"这个词，是从诺贝尔奖获得者默里·盖尔曼（Murray Gell-Mann）从詹姆斯·乔伊斯（James Joyce）的小说中援引而来，意思是高深莫测的事情，它反映了物理学家对夸克的古怪的、难以理解的特性的一种困惑。那么，夸克是否还可以再分呢？当物理学家们对夸克的本质和它们自身的规律有进一步了解时，这个问题将会找到确切的答案。

为了弄清这些微小粒子的结构，就要借助特殊的工具，于是，各种各样的粒子加速器便应运而生。

什么是粒子对撞机呢？打个比喻：一天之中，太阳照射到湖面上的热能远比一支蜡烛发出的热要多得多，可是湖水不能把鸡蛋煮熟，而蜡烛却可以。这是因为烛光的热能比较集中；同样，磨刀时，瞬息间产生许多火花，温度可以高达上千度，这也是因为热量比较集中的缘故，如果将这火花具有的少量的热能集中到比最小的原子还要小亿万倍的体积中，将会发生什么呢？19 世纪中叶，科学家对什么是能量已经有了透彻的了解，但当时还没有人想到物质可以从能量中直接产生出来。直到 1905 年，爱因斯坦提出了这个想法。后来，随着时间的推移，许多实验已经证明能量会转变成物质。但是在日常生活中又为什么无法观察到呢？这是因为一方面在通常条件下，能量还远远不够集中，事实上需要将能量几十亿倍地集中起来，才能变成物质。另一方面，能量产生的这些肉眼看不见的粒子，寿命很短，还来不及聚集起来生成看得见的对象，它们又很快变成能量，或分裂成其他稳定的粒子。世界上的物质，例如矿物、蔬菜，甚至像生物都是由稳定的粒子所构成的。

当今在高能物理实验室里，人们已经能在很小的规模内产生和研究这种能量变物质的过程，也就是利用大型的加速器使粒子发生对撞，在极短的时间内获得高度集中的能量，并使它转变成物质。人们在研究中发现，如果具有相同能量的一种粒子和它的反粒子，例如质子和反质子，带负电的电子和带正电的电子沿相反方向流动，然后对撞，那么，两粒子能相互湮灭，高效率地将它们的全部能量用于创造其他粒子，用来进行粒子反向流动，然后在一定的地点发生相互作用的设备就叫作对撞机。LEP 就是大型正负电子对撞机英文 Large Electron-Positron Collider 的首字母缩写。

基于欧洲高能物理学界的一个提案，1981 年 10 月 3 日由 14 个成员国代表组成的委员会一致通过采纳 LEP 计划。

隧道和实验大厅的建造从 1983 年夏季开始，1988 年 2 月结束。其中 3/4 在法国，1/4 在瑞士，在 8 个点用升降车连接隧道和地面建筑。整个工程于 1983 年 9 月破土动工，这项耗资 5 亿美元的工程破土动工时，当时的法国总统和瑞士总统都参加了隆重的典礼。首期工程的对撞束能量为 500 亿电子伏特，1988 年竣工。后期工程结束的时候，能量将超过 1 000 亿电子伏特，成为举世瞩目的高能物理实验装置。

这台环形的对撞机，全部建在地下隧道中，周长 27 公里，隧道的直径为 3.8 米，距离地面为 50～170 米，酷似一座地下长城，它的土木工程量之大可想而知。有数千台精密设备要在这里安装，4 个实验大厅安装探测各种粒子的探测系统，整个地下隧道里都安装着磁铁，它的作用是使粒子沿着环形的通道流动，并被聚焦成铅笔一样粗细的束流，在磁铁的间隙中装有用铅屏蔽的水冷真空室，在真空室里电子将沿着顺时针方向流动，正电子沿逆时针方向流动，然后再通过"射频"被加速到接近光的速度，在这样快的速度下，它们的质量会增大 17 万倍，并且发生碰撞，这时，将会产生许多新的粒子和新的现象，供物理学家们研究。

在对撞机的周围，设置着粒子的探测系统，正负电子注入环中，反向流动，进行对撞。首期工程中建立的 4 个不同的大型探测系统，目的是高精度地测量对撞中产生的粒子的各种性质，包括它们的方向、通过的时间、能量、电荷、质量等参数，当时，有上千位物理学家从世界各地到这里来参加 LEP 的 4 个实验。

正负电子束流的对撞，由位于点 2、点 4、点 6 和点 8 的实验大厅里的各国科学家组成的实验组进行测量。丁肇中领导的 L₃ 实验，在第二个对撞点上，由 14 个国家的 460 位物理学家和 600 多位工程技术人员参加这一实验。

尤其值得一提的是用于丁肇中领导的 L₃ 实验的 4 个巨型探测器，它们分别是：顶点探测器、电磁量能器（简称 BGO）、强子量能器和 μ 子探测器。为了设计和研制这些极为复杂、精细的探测器，丁肇中和他的各国助手们倾注了大量心血，他们专心致志地花费了整整 6 年的时间，用心血、智慧和汗水铸成的这些巧夺天工的探测器，目的正是为了"寻找质量的来源"。

从 1988 年下半年开始，陆续安装到日内瓦郊区、茱拉山下 52 米深处地下隧道里的 4 个巨型探测器，犹如一幢极为复杂、极为宏伟的地下宫殿，它的总重量相当于举世闻名的法国巴黎的埃菲尔铁塔，仅那个巨大的拱形门似的、鲜红的磁铁就重达 7 000 吨；其中测量 μ 子的漂移室，室中挂有四十几万根仿佛头发丝一样粗细的金钨丝，丝与丝之间的距离只有 2～4 毫米，每根丝上通几千伏的高压电，用它来测量正负电子对撞所产生的 μ 子的特性；还有电磁量能器，它是由上万个晶莹透亮的锗酸铋闪烁晶体构成的列阵，每个晶体都带上光电接收元件和微处理机相连，这是整个 L₃ 的核心部件，它的任务是测量正负电子对撞时产生的电子、光子的行为。

这台巨型对撞机用的数据信息处理技术也是十分先进的，它能把瞬息之间发生的碰撞信息加以采集、处理、传输、存储，由许多台高速、大容量的电子计算机和数据处理系统组成。因此，可以说整个对撞机是当代高能物理科学与高技术的结晶。

早在这台世界上最大的正负电子对撞机动工兴建之初，国际上许多物理学家都在跃跃欲试，纷纷提出实验计划，希望通过实验获得重大发现。由于丁肇中和他领导的实验组20多年来一次又一次出人意料的巨大成功，所以在由各国组成的委员会进行的无记名投票中，他提出的有关 L_3 的实验计划，以压倒性多数获得通过。在这之后，美国、苏联、瑞士、德国、保加利亚、法国等，竞相派出物理学家与工程技术人员参加这个实验，准备工作历时长达数年。

规模空前的 L_3 实验，耗费了丁肇中大量的时间和精力。由于实验十分复杂，牵涉的学科多，而且是许多国家合作进行，因此，他作为实验项目的总负责人，每日的工作量大得惊人，根本无暇和妻子长年厮守在一起。在 L_3 实验开始酝酿的时候，露易丝·库妮·凯向丁肇中表示，她已经忍受不了长年累月隔着大洋分居的生活，希望两人就此分手。历来非常重感情的丁肇中，听了这个要求虽然很难过，但是，最后他还是同意了。因为，他深知凯也是一位事业心很强的女性，况且她在既往的岁月里，已经为自己做出了许多牺牲，他想："为了事业，这样对我们两个人也许会更好些！"

丁肇中虽然和凯分手了，但是，他们并没有因此吵翻。在这之后，凯在美国的建筑界继续施展才能，他们的两个女儿，一个在波士顿，一个在旧金山，时常通过电话问候她们的双亲。

彼此的生活还要继续下去。

发现 J 粒子之后，丁肇中实验组的规模越来越大。就在这时，爱神再次来到了他的身旁。

一位名叫苏姗·马克思（Susan Marks）的美国姑娘，在美国麻省理工学院工作。在这之前，她在波士顿大学（Boston University）读书。这位美丽的、瘦削的、披着长长的金发的美国姑娘，待人热情、诚恳。她衣着朴素，而且非常好学，她的到来，给丁肇中终年埋头工作的单调生活激起了涟漪。

这位会开飞机、能够熟练地驾驭烈马的美国姑娘，是爱尔兰人的后裔。丁肇中实验组的人们都亲昵地称她为"马克思小姐"。她第一次见到丁肇中，是在德国的汉堡，回忆她与丁肇中相识并相爱的过程，她说：

"我第一次遇到 Ting，是在'马克一杰'。在这之前，我听人们说他对科学的贡献很大。于是，我便对中国发生了兴趣，开始研究中国的历史和文化。1978 年冬天，我实现了和 Ting 在一起工作的愿望，我和他相识后学了许多物理学知识，从此以后我对物理学产生了兴趣。我在 Ting 组的工作主要是行政管理工作。在 Ting 的帮助下，我研究了中国的教育。"

苏姗还说："丁肇中是一位令年轻人崇拜的科学家，他工作非常刻苦，致力于物理学的研究，决心是很大的。"①

1985 年 4 月，一个春光明媚的日子，丁肇中和苏姗·马克思在波士顿北部一个名叫 Yock Port（约克港）的地方的教堂里举行了婚礼。

婚后，丁肇中和苏姗住在靠近瑞士边境、法国境内的一个小镇上，这里人烟稀少，环境幽静，周围是郁郁葱葱的葡萄园。丁肇中生性幽默，他把自己坐落在法国小镇上的家戏称为"三家村"。

婚后不久，他们的儿子丁明童（英文名 Christopher）诞生了。谈起婚后幸福美满的家庭生活，苏姗说："他（指丁肇中）虽然平时大部分时间在实验室工作，但是，他是一位很好的丈夫和父亲，虽然终日忙于工作，但总是和

---

① 苏姗·马克思·丁（Susan Marks Ting）访问谈话，1989 年于欧洲核子研究中心 L₃ 实验办公室。

家庭保持着密切联系——用电话。"

苏姗还说，丁肇中是年轻人非常崇拜的科学家，他工作非常刻苦，致力于物理学的研究，决心是很大的。空闲时，丁肇中在家里便研究中国历史，有时和儿子在一起，他有非常好的记忆力，时常谈一些中国历史上的故事，而且很准确、详细，他的记忆力是十分惊人的。

苏姗深知，有一个好的家庭，对一位物理学家来说是多么重要，因此，她不仅在生活上千方百计地照顾丁肇中，而且不忘时刻和他分享工作中的甘苦。她不仅极其热心地帮助在丁肇中实验组工作的中国科技人员学英语，而且潜心学习中国语言，还不辞辛苦地长途跋涉到中国少数民族地区研究少数民族的文化。苏姗大学毕业后，到麻省理工学院工作，婚前，她同父母住在波士顿，家中还有一个姐姐。

在领导 L_3 实验期间，丁肇中主要在欧洲核子研究中心主持工作。他每天清晨 6 时半起床，然后，一边在院子里散步，一边思索一下一天的工作，吃罢早饭就自己开着汽车去上班，直到深夜才归。

人们见他终年不知疲倦地工作，问他说："你白天黑夜地工作，连星期六、星期日也不休息，你的妻子对你没有意见吗?"丁肇中听了，笑了笑，不作回答。

苏姗·马克思·丁在同人们谈到类似的话题时，便用亲昵的口吻说："他是 work work and work！（工作工作再工作)"[1]

L_3 实验准备工作期间和实验开始以后，丁肇中可以说是日理万机。人们说，他有一个大本子，每天要做的事情他在上面都有记载，他和实验组的学者谈话以后，都要记下要点，然后逐日记下进度，以及处理的情况，直到把问题完全解决为止。

---

[1]　苏姗·马克思·丁（Susan Marks Ting）访问谈话，1989 年于欧洲核子研究中心 L_3 实验办公室。

参加 L_3 实验的科学家们说："L_3 实验超越了政治和国界，总的通道是物理学。"他们说："丁肇中教授处理问题的最高准则，是从是否有利于物理学的发展出发，而不是从政治和其他方面考虑，他善于劝说政治家们，来帮助高能物理的发展。由于他有很高的威望，他才能把这么多国家的科学家团结在一起，来共同完成这项极为复杂的、大规模的、全新的科学实验。"[①]

参加 L_3 实验的苏联物理学家大尤里和小尤里，回忆起他们参加这项实验的前后经过，对于丁肇中不以政治偏见为准绳，而是以科学的发展为前提，都深为敬佩。

两位尤里博士说，大约在 1982 年或是更早，他们来到欧洲核子研究中心，看哪个实验可以参加。起初，我们想参加别的实验，可是，那儿的人们表示不欢迎我们，主要是政治的原因，说："你们可以来，可以在我们的组里看，但是没有任务给你们干。"

于是，大尤里找到朔佩尔教授——当时欧洲核子研究中心的负责人说："他们不欢迎我们，请帮助我们找到工作。"

在这之后，朔佩尔教授对丁教授说：

"你愿不愿意帮助苏联人参加你的实验组？"这时，丁肇中教授并不了解苏联人。过后，丁教授找到大尤里，请他提出报告，讲讲他所在的苏联研究机构过去做过什么工作，在哪些方面有经验，并请他给实验组的各国学者做报告。

这是一次严峻的报告会，在座的多半是欧洲各国的科学家，他们过去主要通过报纸了解苏联，因而对苏联有成见，对尤里的报告提了许多很严厉的问题，为了接受苏联人，各国科学家经过了特殊的程序——正式的秘密投票，有 12 或 14 个国家的研究机构投票。

---

①　中国访问学者马基茂等访问谈话，1991 年于欧洲核子研究中心 L_3 实验办公室。

　　回忆当时的情景，小尤里说："丁教授起了很大的作用，如果没有他，我们苏联人根本就没有希望参加 L₃ 实验，丁教授用他的权威说服了大家。他说，苏联地大物博，苏联科学家参加可以做出贡献。他们看来也是可以合作的。从此以后，我们就正式地参加了 L₃ 实验，从五六个人，发展到二十几位物理学家，二十几位技术人员。"

　　两位尤里博士所在的莫斯科理论和实验研究所，创办于 1948 年。这是一个实力相当雄厚的研究机构，有阿里哈诺夫、柳比莫比和大尤里等这样一些出色的物理学家。

　　谈起苏联人在欧美物理学界立足的那段往事，身材高大、蓝眼睛的年轻俄国物理学家小尤里很感慨，他说："帮助我们成功地参加 L₃ 实验工作的是丁教授，很不幸，他不是一个俄国人，我们和他在一起工作非常愉快，学到了非常丰富的物理学知识，和他在一起工作还学会了做组织工作，怎样把工作往前推进。"①

　　小尤里说："我时常地反问自己：为什么丁教授能把事情做得这样成功？他的知识是从哪里来的？我猜想他的知识可能来自中国文化，因为它是非常古老的，因此也是成功的。"

　　两位尤里博士对丁肇中教授成功地领导 L₃ 实验，都十分赞叹。他们说，"这项大规模的国际合作超越了一切政治和国界，一个总的通道是物理学。Ting 总是从物理学的角度考虑问题，研究用哪种办法解决物理学的问题最好，而不是从政治和其他方面考虑，这不是随便什么人都能做到的，首先这个人要清楚从学术上讲什么是最好的。丁教授知道怎样告诉政治家，催促他们帮助高能物理的发展，他对苏联原子能委员会的官员们讲，应该怎样帮助我们。他在莫斯科会见原子能委员会和科学院的官员们，那些领导人对他的印象非

---

　　①　大、小尤里博士访问谈话，1990 年于欧洲核子研究中心 L₃ 实验办公室。

常深，他向他们介绍了欧洲核子研究中心的情况，谈了物理学的现状，现在获得的成就，以及高能物理学今后的发展方向，正是 Ting 具备了这种才能和经验，才能获得成功，才能把这么多国家的科学家们团结在一起，把工作向前推进。"①

1988 年 9 月，丁肇中访问了苏联，他在莫斯科大学和苏联科学院做学术报告的时候，受到的欢迎空前热烈。他来到莫斯科大学物理系，300 多位物理学家、研究生、大学生们听了他的报告。有这么多人聚集在一起听讲学，在这个大学还是第一次。这天，丁肇中谈了他正在领导的 L_3 实验，回答了与会者提出的问题。会后，莫斯科大学理论物理系负责人尤韦年科教授邀请丁肇中到他的办公室里座谈。尤韦年科也是一位世界知名的学者，他的办公室里，在用镜框框起来的墙壁上，有拉加诺夫、李政道等人的留言。

这天，尤韦年科教授也非常殷切地对丁肇中说："我们非常希望您能写下您对苏联科学尤其是物理学的印象和感想。"在场的许多物理学家，都在关切地注视着丁肇中，很想知道他将会写些什么。这时，丁肇中微笑着走到黑板的前面，拿起粉笔用英文写道：

"物理学是实验的科学！"在场的科学家们看了都笑了起来。②

丁肇中在欧洲核子研究中心的巨型正负电子对撞机上准备进行大规模的 L_3 实验期间，他日夜兼程，忘我地筹划，出色地做了大量科学组织和管理工作。当时，L_3 实验已发展到多达 14 个国家的 460 多位物理学家和 600 多位工程技术人员参加。L_3 实验用的 4 个巨型探测器，不仅物理设计构思复杂巧妙，而且所需要的原材料都没有成品，为了确保实验的成功，丁肇中从探测器的原材料质量抓起，几乎每天都是日夜兼程地工作着。

"丁教授乘坐飞机都是'买月票'。"中国访问学者马基茂说。③

---

①② 小尤里博士访问谈话，1991 年于欧洲核子研究中心 L_3 实验办公室。
③ 马基茂访问谈话，1990 年于欧洲核子研究中心中国办公室。

他说："丁教授为了和散布在世界各地的研制探测器的研究所保持着密切联系，在 1 个月当中，他要在瑞士和美国之间往返飞行 2 ~ 3 次，这中间还要飞往中国和苏联，以及其他的国家；一般人乘坐飞机睡不着觉，丁教授恰恰相反，他乘飞机的时候，是最好的休息时间。常常见他下了飞机眼睛里挂着血丝，就直奔实验室……"

人们举了这样一个例子：L_3 实验用的电磁量能器，由 8 000 根每根价值 1 000 美元的锗酸铋晶体（BGO）组成，这是一种和钢一样重的晶体，每根后面安装着一个光电二极管。在正负电子对撞的时候，它能把对撞后产生的光电信号转换成电信号，科学家们坐在地面上的控制室里，通过电信号可以判断有无粒子通过，从电信号的大小判断粒子的能量。探测器设计出来以后，丁肇中和他的合作者们首先遇到的问题是：大量的锗酸铋晶体从哪里来？

当时，苏联、美国和中国之间的相互关系还比较紧张，但这并没有影响到科学家们之间的合作。

当丁肇中了解到苏联有氧化锗，中国有氧化铋且中国的上海硅酸盐研究所有可能研制出大量的 BGO 晶体时，他当即带上氧化锗飞往苏联，再飞到上海，直到帮助硅酸盐研究所研制出大量合格的 BGO 晶体为止。

在这之前，世界各国只是在实验室里研制出少量产品，由于 BGO 晶体可以广泛地应用于高能物理、空间物理、核物理、地质勘探和放射医疗等领域，近年来，欧、美、日本等工业发达国家和地区竞相研制，角逐激烈。L_3 实验需要大量 BGO 晶体的信息传开以后，美国、日本、法国的有关公司和厂家竞相提供这种晶体，丁肇中了解到中国科学院上海硅酸盐研究所曾经在实验室里研制过少量的 BGO 晶体后，他不顾参加 L_3 实验的各国科学家的反对（主要是担心中国研制的 BGO 晶体质量不过关），亲自多次深入到这个研究所的实验室里了解情况，最后决定把 L_3 实验用的全部 BGO 晶体交给上海硅酸盐研究所研制，不仅如此，他还多次帮助这个研究所改善工作条件，设法为他们筹集资金，鼓励在第一线工作的工程技术人员。如今，L_3实验用的8 000 根BGO晶体已经全部研制出来，并且成功地安装在探测器上，仅这一项，就为中国创汇近1 000 万美元。由于丁肇中的大力支持，BGO晶体先后在国际上获得首届亿利达科技进步奖和第15届国际新技术展览会的金牌奖，成为国际上瞩目的一项高技术产品。[①]

再如 μ 子探测器，在研制过程中，丁肇中也倾注了许多心血。这种探测器的主要部件在美国的波士顿制造，激光校正系统在瑞士制造。在他的领导下，强子量能器由苏联、中国、美国科学家合作设计。在这种探测器的研制过程中，丁肇中不仅亲自在第一线主持方案的论证，而且在 3 个国家的科学家之间做了大量的组织和协调工作。

谈起为什么要如此认真地对待探测器的研制工作，丁肇中严肃地说："仪器不可靠，数据当然不可靠。如果实验做错了，当然很坏；如果做对了，但是是第二名，也是完全没有意思的。作为实验物理学者，谁都想得第一名，松松垮垮，不合作共事，这样大规模的实验就不会成功，因此，各国科学家的团结是十分重要的。在这里，不允许斗，发现有谁喜欢斗，就得让他走！"

丁肇中在向瑞士政府代表团介绍探测器的研制工作时，曾经诙谐地说道："你们可能担心苏联、美国、中国科学家的合作会发生问题，不过，请不要担心，如今，强子量能器已经安装在地下隧道里。"在场的人们听了，都笑起来。

参加 L_3 实验的各国科学家，对丁肇中在这个巨大复杂的国际合作项目中表现出的杰出的领导才能都很佩服。他的学生、美国麻省理工学院物理博士玛丽安·怀特说："在强子量能器的研制过程中，开始的时候，由于参加的国家多——美国、瑞士、西班牙、荷兰、意大利等，比较乱。科学家们汇报工作时，Ting 不仅帮助做组织工作，而且对其中的每个细节都了如指掌，他总

---

① 中国科学院上海硅酸盐研究所科技人员提供。

是能非常及时地指出方向性的问题。"怀特说，"我非常赞成 Ting 的作风，这么多国家，这么多科研机构，在限定的时间里，完成如此复杂的物理实验，抓好科学的管理工作，是很不简单的事情。因此，两个月一次的组会非常重要，他不仅对各个分组的负责人要求严格，而且及时发现问题，及时地解决。例如，电缆出问题了，谁负责？什么时候解决？需要什么条件？不能有丝毫的马虎和懈怠。"

怀特说："Ting 之所以把这样大的实验管理得井井有条，知人善任也是很重要的，Ting 总是把他信任的人安排在关键的位置上，例如，他请陈敏搞离线分析，牛曼负责计算机，福岛负责触发系统，尤里负责强子量能器，都是经过长期考验，证明他们可以很好地胜任，完全是从科学上的需要出发，而不是个人关系。事实证明，他们是值得信任的人。例如，丁教授把锗酸铋（BGO）晶体的研制工作交给上海硅酸盐研究所研制，是很大胆的做法。起初，各国科学家不了解也不信任中国的产品，丁教授为此多次去上海，亲自到实验工厂里考察了解研制条件。开始的时候，晶体长得不好，在他的帮助下，终于长出了合格的晶体。丁教授对别人要求严格，他自己工作也很刻苦，他总是做最好的实验，起初，许多人担心探测器的精度要求太高，怕达不到要求，他说，我们走着看，靠我们的工作说明问题。他的意见是对的。精心研制的 4 个探测器，一定会采集到最好的数据。"①

在 L₃ 实验组，怀特的意见并非个别。美国麻省理工学院的柏格博士说："1986 年我到欧洲核子研究中心参加 L₃ 实验组的工作。在贝克尔教授的领导下做 μ 子探测器，在这个组工作的共有 80 个人，这只是物理学家和一部分工程师，还有更多为这个探测器工作的人没有列入名单。这么多人，这么多国家，怎样团结起来工作？其他还有家庭问题、习惯问题、技术上的问题等等。

---

① 怀特博士访问谈话，1990 年于欧洲核子研究中心 L₃ 实验办公室。

全长 6 米的 μ 子探测器，共有 16 个 μ 子计数器，3 层漂移室系统，由 28 万根镀金的钨丝组成，其中有 24 000 根信号丝，对撞机开动后用来测 μ 子的位置动量，误差不准超过 3 根头发丝（3 微米），还有 40 000 根电缆通往控制室，这样复杂的探测器，是隔着大西洋，分别在美国和欧洲研制的，然后运到欧洲核子研究中心安装、调试，为了达到计划要求的指标，这样大、这样复杂的设备，安装前，Ting 要求全部测一遍，不断地找问题，不断地改进。"

"只有 Ting 能做，这是我的回答！"

柏格说："因为 Ting 非常了解各个环节的进展，不仅靠开会，他还时常到现场看。他每天都到实验室里来，有时人不来，电话来，从未间断。因此，我们不敢提前睡觉，怕他来电话询问。"①

强子量能器的主要负责人之一、苏联的尤里博士谈起与丁肇中的合作也很激动。他说："L₃ 实验首先是一个全新的、大规模的实验，要集中足够多的人，要把他们团结在一起，同心协力地工作，是件很不容易的事情。这么多人，来自这么多国家，都有自己的经验、个性、特长，例如我已经有 20 年的研究工作经验，其他人也都很有经验，所有的人都服从 Ting，这是因为他决定问题不是靠拍脑袋，不是一阵心血来潮，而是经过深思熟虑。在他决定问题以前，他要征求所有人的意见，问得很仔细。他特别重视年轻人的意见，因为年轻人做具体工作多，他特地找他们，听他们的意见，例如对 BGO 的测试，在大会上他倾听了所有人的意见，最后采纳了一个年轻人的建议。这么大的国际合作组，把人们简单地组织到一起是不成功的，很需要丁教授这样一个人，大家都尊敬他，心甘情愿地服从他的领导。"②

尤里博士早年毕业于莫斯科大学，他进入理论和实验物理研究所之后，先后从事过宇宙线、反应堆和加速器的研制工作。参加 L₃ 实验以后，在领导

① 柏格博士访问谈话，1991 年于欧洲核子研究中心 L₃ 实验办公室。
② 尤里博士访问谈话，1991 年于欧洲核子研究中心 L₃ 实验办公室。

研制强子量能器的工作中，有很多贡献。他说，在 L_3 实验中，仅苏联一个国家就贡献出了 7 000 吨磁铁、300 吨铀和大量的氧化锗；美国提供了 1/3 的经费，中国提供了 BGO 晶体，瑞士、法国、德国、意大利也都踊跃地出人、出钱、出物。

瘦削、腼腆的日本物理学家福岛从 1984 年开始到 L_3 实验组工作。他这样谈到丁肇中的治学作风，他说："我在丁教授的领导下工作，已经有长达 8 年的时间。首先，我认为他是一位极端刻苦的物理学家。他白天、晚上不分昼夜地忘我工作，他如果有什么想法的话，绝对不会放弃，一定会坚持到底。在决定问题以前，他总是仔细地听取每个人的意见，实验上发生问题了，他问：'谁可以解决？'大家回答：'我可以解决！'然后，他从中选择最好的人选。这使人想起了《三国志》，主帅在中间，大敌当前，谁愿去？Ting 开放了给我们表现才能的机会，尤其是年轻人。他定的物理学的目标非常高，可以说，给每个人创造了发挥才能的机会。"①

丁肇中不愧是众望所归的物理学家。在这项迄今为止最大的、最复杂的国际合作项目中，人们把他视为帅才，绝不是偶然的、虚伪的奉承，而是从他们的切身感受中得出的结论。

在欧洲核子研究中心两个月举行一次的全组会上，常常使得与会者既兴奋，又不免有些忐忑。这种为期两天的例会，通常是检查和布置 L_3 实验的各项准备工作，其中包括各种探测器的研制和测试。

这是一个由数百人参加的例会。通常都是在欧洲核子研究中心主楼的大阶梯教室举行。开会的时候，一大早就坐满了人，他们之中，有美国人、苏联人、瑞士人、法国人、西班牙人、德国人、中国人，等等。许多人是从世界各地特地赶来的。开会的时候，丁肇中的出现，常常使得座无虚席，就连

---

① 福岛访问谈话，1992 年于欧洲核子研究中心 L_3 实验办公室。

地上也坐满了人。会议开始以后，他手持教鞭，一面在讲台上来回地踱步，一面宣布会议的议程。报告开始以后，各种肤色的科学家，一面在投影仪下映出有关 L₃ 实验的各种数据，一面用英语讲解，数百人的目光注视着讲台，谛听着。每一位做报告的科学家的精神都很集中，他们唯恐丁肇中突然发问而回答不上来，或是回答得不准确。因为即便是每个细小的环节，他也要追根究底，直到完全弄清楚为止。

紧张的报告会结束了。十几位科学家分别就各种探测器的研制、测试，以及磁铁、计算机、触发系统的安装调试，做了阶段性的报告。最后，由丁肇中做总结。他的总结简明扼要，内容包括：下次会议什么时候召开？各种探测器的安装、测试什么时候完成？质量如何保证？哪部分工作由谁完成；等等。

1989 年 7 月 15 日，这天，跨越瑞士和法国的巨型电子对撞机，把一个城市的电力注入加速器中，使正电子和负电子，在一亿分之一秒的时间里撞击成功。

在这之前，日复一日，月复一月，年复一年，这巨大的对撞机时刻都牵动着丁肇中和他的助手们的心。他一次又一次，风尘仆仆地从世界各地赶来，常常是下了飞机，顾不得休息，就直奔实验室；有多少个黎明和黄昏，他不是在家中和妻子、孩子们厮守在一起，而是无限深情地眷恋着那些冰冷的仪器。

1989 年的一个夜晚，丁肇中头戴安全帽，快步走在欧洲核子研究中心的地下隧道里，他一面领着人们参观安装在地下隧道里的探测器，一面指着高 15 米、长 13 米的鲜红色的巨型磁铁说："这块磁铁重 8 000 吨，它能产生 5 000 高斯的磁场，原材料由苏联提供，磁铁是瑞士制造的，已经安装好。里面的支撑管长 3 千米，直径 4.5 米，其余的 3 个探测器——顶点探测器、BGO 探测器、强子量能器，将分别安装在支撑管内外，各种探测器是在 1989 年 5

月 15 日以前进隧道的。为了防止辐射，这里将要安装 500 吨重的水泥门，还有触发系统和计算机系统。对撞机运转起来之后，人们就不能进隧道了，坐在地面上的控制室里，采集各种数据。"①

说完，他便快步走在隧道里检查起工作来，当时，笔者紧跟在他的后面，笑着问道："你对隧道里的情形这么熟悉，每天都来这里视察？"

丁肇中停下来，用炯炯的目光瞥了我一眼，诙谐地说道："只要我在欧洲核子研究中心，每天至少来一次，不过，不是视察，是和群众打成一片！"

说完，大家都笑起来，他也笑了。

我不解地问他："你早已获得诺贝尔奖，可以说功成名就，为何还这样不辞辛劳地日日夜夜奋斗不息呢？"

听了这话，丁肇中思忖半晌说："这个问题 10 年以后也许能回答你，现在还为时过早。"接着又说："我也不知道我的探索何时是止境。总之，我对实验有兴趣！"②

L_3 实验，超越了国界，各国科学家为了一个共同的目的，年复一年地辛勤地工作着。至今，已经持续了数年。

谈到为什么要进行这项实验，丁肇中说："中国古时候，人们认为世间最基本的东西是金木水火土。到了 17 世纪，人们又认为化学元素是最基本的。20 世纪初期，电子被发现了，质子被发现了，人们的观念改变了。20 世纪 70 年代初期，经过好多年的实验，其中也有我的实验，科学家们认为宇宙中存在'层子'。现在已经找到了 5 种层子（注：也就是外国科学家所说的'夸克'），那么，为什么只有 5 种？也有的说有 6 种到 9 种，它们中间的相互作用力是什么？有没有更小的东西？这就是我们进行 L_3 实验的目的。"

丁肇中还谈了用人工模拟宇宙初开时的壮观情景。他说："宇宙是从大爆炸开始的，当时的温度非常高，有电子、重电子、'层子'，慢慢地冷却起来

---

① ②　笔者随丁教授参观见闻，1989 年于欧洲核子研究中心地下隧道。

了，层子变成了质子，质子变成了原子核，变成了原子，宇宙初开到现在有若干亿年了。日内瓦的正负电子对撞机，有很高的能量，它能把一个城市的电力输入进粒子加速器，让正负电子碰撞，碰撞的时间很短很短，只有一亿分之一秒，温度很高很高，相当于太阳表面温度的几百万亿倍，制造宇宙刚爆炸时的温度，目的是搞清楚宇宙最基本的东西，也就是所谓的'层子'是什么？"

谈到 L_3 实验未来的应用前景，丁肇中说：

"正式应用是几十年以后的事情。这个世纪初，伦琴发现了 X 光，30 年以后才用到医学上，30 年代发现了中子，和平应用也是二三十年以后。因此，我们实验的成果，应用也是二三十年以后的事，它的应用价值就很难估计了。比如，谁能估计 X 光和中子的价值呢？"[①]

① 顾迈男. 丁肇中教授谈 L_3 试验［J］. 瞭望，1986（37）.

伤　逝

在丁观海教授的眼中，丁肇中最可爱的地方，不是他的成就，而是他永远不变的中国人所具有的传统美德——孝敬父母，以及持续不断的上进心。

在丁肇中的记忆中，他的父亲丁观海教授，不仅是位慈父，而且是他的良师益友。而丁观海教授呢，也常以丁肇中为荣。

丁观海教授也是一位成就卓著的著名学者。他在谈到自己当年为什么走上教书这一行时，他说："主要是家母的意思，再加上我个人不善言辞，学校环境较社会单纯，也适合我的个性，就这么一晃眼，一生就差不多了。

春风化雨半世纪，一生造就丁肇中。"①

丁观海（Kuan-Hai Ting），生于 1911 年 5 月 2 日。

幼年时，丁观海在家乡日照涛雒镇的明德小学读书；毕业后，赴青岛考入礼贤中学；肄业后，又进入青岛市胶澳中学初级部毕业。而后，进入济南正谊中学高中部肄业；在青岛大学预科肄业后，在上海光华大学高中部毕业；

---

① 摘自丁观海教授记述。

在这个大学的物理系肄业，并于1930—1934年在上海交通大学土木工程学院毕业。1934年去美国留学。在密歇根大学研究院获得硕士学位后，回国。战前，在焦作工学院、山东大学任教。战时，在复旦大学理学院土木系、中央大学航特班，以及重庆大学、兵工学院造兵系以及交通大学等校任教。

随后，又在山东大学、河南大学、兵工学校、复旦大学任教。并在台南工学院、台湾大学、台湾交通大学、台湾中原理工学院，以及台北工业专科学校、文化学院、中央大学等校任教。①

抗日战争期间，曾在重庆大学任教8年，其间亦在复旦大学及兵工学校兼课，并在南京中央大学任教。1949年渡海东去，任教于台南工学院。1950年2月，受聘于台湾大学，任土木工程学系教授，直到1981年8月退休。其间曾两度担任土木工程学系及研究所主任，历时9年。退休后改聘为兼任教授、名誉教授。

在任职期间，还分别至美国俄亥俄大学及奥本大学访问，任客座教授。②

数十年间，丁观海教授为海峡两岸培养了成千上万的科技人才，在我国航空航天部门工作的一些老专家，如"长征3号"运载火箭专家谢光选等人，至今对于当年坐在课堂里听穿着补丁裤的丁观海教授讲授"弹性力学"仍然记忆犹新，丁观海教授回忆自己的一生，曾谦逊诙谐地"自题"道："混迹学校40多年，误人子弟，何止数千！"也就是说，他是桃李满天下的教育家。

丁观海教授虽然身居台湾，但是他非常关心丁肇中的工作。

丁肇中也非常尊重自己的父亲。几乎每个月他都给父亲写信，只要是有新的论文，他也一定寄给父亲。父亲为了了解他的研究工作情况，常常到台湾大学物理系的资料馆查阅资料。丁观海每次去美国，丁肇中都介绍各国的物理学家与父亲认识，使父亲对国际高能物理的动态能有所了解，这就更增

---

① 摘自丁观海教授记述。
② 摘自丁观海教授讣告。

加了父子间的话题。①

　　1976 年丁肇中获得诺贝尔物理学奖。喜讯传到台北，丁观海教授的喜悦可想而知。

　　瑞典皇家科学院邀请丁观海同丁肇中一同赴斯德哥尔摩参加颁奖典礼，丁观海教授愉快地接受了邀请。

　　当时，丁观海是台湾大学土木工程学系的教授。每隔两年，他都到美国去，探望儿子和孙女们。在丁观海教授的眼中，丁肇中最可爱的地方，不是他的成就，而是他永远不变的中国人所具有的传统美德——孝敬父母，以及持续不断的上进心。

　　丁观海教授从来不强迫儿子读书，一切任其自由，但却不忘分担儿子受挫折时的痛苦，随时随地给予安慰和鼓励。

　　有人曾问过丁观海："丁肇中是不是头脑最好的人才？"丁观海用了一句话形容："肇中在普通的学校里，呈现的成绩是普通人所应有的。在最好的学校里，表现出来的则是不平凡的一面。"

　　丁观海教授说，丁肇中不管在什么样的环境里，都一样有所表现，别人很少能影响他求上进的意志，他喜欢任何竞争的环境，更喜欢接受挑战。

　　丁肇中获得诺贝尔奖以后，有人曾问丁观海：对于丁肇中的成就是不是已经心满意足了？

　　丁观海则回答说："希望他继续钻研，在学问上更上一层楼！"②

　　1991 年 2 月 19 日，丁观海教授不幸因患肺癌，病逝于台湾大学医院，享年 80 岁。在这之前，丁肇华随侍在侧，亲视含殓。噩耗传来，丁肇中、丁肇民立即从国外赶回台北奔丧。并于这年的 2 月 21 日上午 9 时，在台北第一殡仪馆大觉厅举行了家祭，9 时 30 分举行公祭。

　　由吴大猷等人组成的治丧委员会，在讣告中高度赞扬了丁观海教授的一

――――――――――――

　　①② 吕一铭，薛兴国. 丁肇中的昨天和今天［M］. 台北：联合报社，1976.

生。讣告说："先生学养精湛，于工程力学尤所专精。丁教授为国内土木工程学系讲授弹性力学之第一人。授课除重学识之讲述外，并灌输学术潮流之趋向。受其亲炙而卓然有成之学子甚伙。教学绩效甚巨，贡献卓著。先生洞彻世事，人生态度，尤为豁达。其为人也，谦恭仁厚，文质彬彬，儒者风范，友朋同钦，学子共仰。"

讣陪说："先生一生，处事乐观，与人无争，行谊垂范，典型足式。遽归道山，恸何如之！"①

丁观海教授与丁肇中教授父子情深。

丁观海教授逝世后，丁肇中教授怀着无比悲痛的心情，从欧洲飞回中国台湾奔丧。过后，他写了《怀念》② 一文，深切地缅怀父亲的一生。

他在文章中写道：

父亲去世了。

父亲突然而又安详地去了。

去年八月我第一次感到不祥的兆头。我在由新加坡到汉城的旅途中，飞机中途停在台北机场，我给父亲打了个电话，得悉他已经不能说话了。去年年底，他的情况已很严重了，医生对他的病已经作了结论。四星期前，我去看望了他，推着轮椅陪他去台湾大学医院作最后一次的放射性治疗，他的行动已经很困难了，然而他仍然很平静和安详，庄严地等待着即将发生的事件。

他为我们的小儿子取了一个中国名字，还请我的继母为我小儿子特地刻了一颗名章。他非常艰难地亲自给我的妻子、他的孙儿女，以及他在北京的姐妹们写了信。1 月 19 日当我向他告别时，他为我写了一首中文诗，鼓励我不要满足于已经做过的一切，而要继续不断地前进。他紧紧地握着我的手。他一点也不为他自己担忧，但是我十分悲伤，我觉得我要永远地失去他了。

---

① 摘自丁观海教授讣告。
② 丁肇中. 怀念 [J]. 瞭望，1991（14）.

父亲的一生，即使在他最后的日子里，他总是能泰然地处置他个人的事情，并且能始终清晰地理解和理智地分析一切事物。

对父亲的回忆，最早可追溯到我五岁的时候，那是 1941 年 12 月 8 日，珍珠港事件发生的日子。那时我们全家都在重庆，当时，每天的大部分时间是在防空洞中度过的。那天父亲告诉我，以后日本的轰炸会越来越少了，我们的日子也会慢慢地好过些了。

我七岁的时候，父亲带我去参观了重庆的一个工业展览会。展览会上的那些新机器和工具对我有很大的吸引力。那时父亲是重庆大学的教授，母亲是四川师范大学的教授。这一年我大部分时间是呆在家里，父亲常常向我讲述上世纪及本世纪的一些伟大科学家，如法拉第、牛顿、麦克斯韦、爱因斯坦、希伯尔和冯·卡尔曼的故事。他们的成就以及父亲谈起他们时的神态给我留下了很深的印象。可能正是由于童年时的这些印象，使我立志要成为一个科学家。

从父亲那儿，我开始知道了原子这个名词。那是在 1945 年 8 月轰炸广岛以后，他向我讲解了什么叫原子，以及它的应用在世界历史事件中的含义。

1946 年至 1947 年期间，我单独和父亲一起住在青岛。父亲在山东大学当教授，并为联合国救济总署工作。父亲把我送到一个由德国修女办的一所非常严格的天主教学校去上学。因为在战争年代，我从来没有受过正规教育，另外，我原来对学校也没有什么兴趣，所以在这所天主教学校中，我的学习遇到了很大困难。非常值得感激的是，我的父母从来不管束我，而总是激励我的兴趣，他们不像许多中国父母那样强求他们的子女在学校中得到好分数。

我非常留恋和父亲在山东度过的那一年的生活。在那里我见到了我的祖母和丁氏家族中的许多成员。父亲常常带我去看京剧和看电影，却从来不强迫我念书。

由于内战和社会动乱，1947 年和 1948 年在中国的生活是很困难的。我记得，当我们从我家的第一台收音机中听到济南被解放时，父亲很感慨地谈到，国民党很快就会失去中国了！在那些日子里，我和弟弟都得了重病。父母果断地花费了他们的全部积蓄购买了当时刚刚出现的新药——盘尼西林。如果他们不那样做，或许我们就不能幸存下来。

1948 年以后，我们到了台湾。父亲开始在台南工学院教书，后来执教于台湾大学。在那时我开始接受了正规化的教育。

在我的少年时代性格形成期间，那时台湾的政治制度是很僵硬的，新闻是被严格控制的，没有言论自由。那时我对当局组织的一些学生活动很有兴趣。然而，父亲却明显地对当时台湾实施的一些政策持有不同观点。我在高中学习期间，父亲继续和我讨论关于牛顿、麦克斯韦、冯·卡尔曼及其他科学家的生平，以及他们的伟大贡献。他给了我一本关于法拉第生平的书，这本书对我产生了非常深刻的影响。我在密歇根大学工学院念书期间，父亲来看过我几次，送给了我几本朗道等人写的量子电动力学和现代物理方面的书。读这些书，对没有受过物理学训练的人来说是相当困难的。在 1957 年的圣诞节假期中，我将它们读了一遍，书中清晰明了的物理学思想和数学表达给我留下了非常深刻的印象。

在母亲生命的最后几年里，父亲到了美国和她生活在一起。母亲的病以及她的去世，明显地对父亲产生了很大影响。他决定回到台湾而不留在美国继续工作。

1960 年，我决定从事实验物理的工作，而不像当时一些成绩优秀的中国学生那样选择工程或理论物理方面的工作。我进入了一个中国人几乎不涉足的领域，进入了一个对父亲也很生疏的领域。或许我的决定曾使父亲感到惊讶或失望，但他确实从未流露出这种感情。

然而，当我开始发表文章的时候，父亲也开始对我的工作表现出越来越大的兴趣，还向我要文章的油印本。过去的三十年间，我的研究工作以及实验结果的意义，成了我和父亲谈话的主题。父亲非常愉快地接受了瑞典皇家科学院的邀请，出席了1976年诺贝尔奖的授奖仪式。他也感到十分荣幸地作为邓小平的客人在1989年10月访问了北京，正是这次访问使他见到了阔别40年的老朋友和姐妹。

由于我参与的实验越来越复杂，工作占用了我越来越多的时间，很少有机会和父亲见面。然而，每次我们的会面，他总是对我的工作表示出强烈的兴趣。

父亲是一个有非常才智的人，他的记忆力极好，有很强的分析能力。而最突出的是，他总是——即使在他最后的日子里，非常安详和平静。他对我的最大影响是：在我少年时代就引导我认识了伟大科学家们的工作和成就，对我所作的一切总是给予很大的支持，因而，应该说，他是我的启蒙老师。

1991 年 2 月 25 日

AMS 计划及其他

丁肇中是一位永不满足已有成就的科学家。1974 年他及其助手们发现了新粒子——J。1976 年他因此获得诺贝尔物理学奖。

1995 年，他又开始了 AMS 计划。

阿尔法磁铁质谱仪项目（英文缩写 AMS）是由美国、中国和俄罗斯等 16 个国家和地区共同参与的大型空间领域合作项目，涉及全球 60 个大学和研究所，参与该项目的科研及工程技术人员多达 600 人。

磁铁质谱仪是一个设计不太复杂，但灵敏度非常高的仪器。尺度和一张桌子的大小差不多。它的主体是在一个圆筒状的结构中，放置以钕铁硼为材料的磁场强度很高的永久磁铁，它由磁铁后方的探测器记录带不同电荷物质在通过磁场后的偏转轨迹。

AMS 计划是由美国能源部及航天局立项、由丁肇中主持的巨型科学计划，旨在太空中寻找反物质（亦称暗物质）。

前几年，曾使各国高能物理学家们兴奋一时的美国建造巨型加速器

（SSC）的计划中途停止后，丁肇中随即着手组织各国物理学家开始这个计划。通俗地说，该计划就是研制一个磁铁质谱仪，用宇宙飞船把它带入太空，用以寻找反物质。

寻找反物质，是人类很久以前就有的梦想。它起源于英国物理学家狄拉克的理论。狄拉克认为，电子可以有反电子存在。1932 年，美国物理学家安德森在探测器中发现反电子的轨迹，从而使狄拉克的理论得到证实。1933 年，他因此获得诺贝尔物理学奖。在这之后，他预言，极可能存在着主要由反电子和反质子组成的星球。

经过半个世纪的探索，科学家们发现：所有的基本粒子在极小的距离中都存在着相对应的反粒子。问题是：宇宙中的元素有没有反元素？宇宙中有没有反星球？

丁肇中历来尊重实验，1995 年 8 月，他在汕头举行的第一届国际华人物理学大会的报告中说，纵观既往的高能物理实验计划，有许多并未得到预期的结果，但却有意外的发现，AMS 计划也是如此。此后，在北京举行的国际轻光子会议上，他再次报告了他的新计划，引起与会科学家的很大兴趣。

宇宙中是否存在反物质，是当今科学家正准备探索的一大难题。根据目前公认的大爆炸学说，宇宙是由大约在 150 亿年前的大爆炸产生的。根据粒子物理理论，大爆炸应产生同样数量的物质和反物质，但是迄今为止，所有的实验都没有观察到反物质的存在。那么，在茫茫的宇宙中，究竟有没有反物质存在？这是目前粒子物理学家和天体物理学家共同关注的焦点之一。

探测反物质必须有仪器，也就是说，要进行这种前无古人的科学研究，必须把包括一个有着强有力的磁铁的探测器送入太空，用来区分在太空中飞行的原子核的电荷符号。

AMS 计划，得到了包括中国在内的世界各国政府和科学家的热烈支持。阿尔法磁铁质谱仪首次采用由中国制造的钕铁硼永磁铁。这种磁铁的磁场强，不需要能源，适于太空环境，这块永磁铁采用由我国包头稀土材料研究所研制的、世界上质量最好的钕铁硼材料，由中国科学院电工研究所研制。

天文学上把宇宙中用光学方法看不到的物质称之为暗物质。最近，各国科学家在天文学的观察和研究中发现：暗物质在宇宙中大约占90%。这个结论使天体物理学和粒子物理学界大为震动。这些暗物质究竟是什么？众说纷纭。因而，通过实验寻找这些暗物质则成为当今科学的又一难题。丁肇中带领各国科学家研制的阿尔法磁铁质谱仪，能够精确地测量在太空中反质子、正电子和光子的能量分布，进而有可能给这一极富挑战性的重大难题以答案。

1995年9月20日，美国宇航局宣布了这个计划，质谱仪于1998年送上300公里高的地球轨道，做100小时的校正，然后在2001年正式送到太空站上（阿尔法空间站由美、俄、西欧和日本合作研制，进行为期3年的实验）。

整个探测器的机械结构的设计、制造和环境试验，是由中国运载火箭技术研究院承担的，精度非常高，能达到航天飞机在起飞和着陆时，对机械结构强度的十分苛刻的要求。中国水利水电科学研究院承担了对机械结构强度的试验。

AMS结构是否具备承受巨大惯性载荷的能力，这对美国宇航局（NASA）以及AMS结构设计制造者中国运载火箭技术研究院（CALT）、中国科学院电工研究所（IEE）来说，都是很重要的。中国水利水电科学研究院离心机研究室，于1996年承担对AMS结构进行模拟实验惯性载荷的离心试验，以保证AMS谱仪和航天飞机两者的安全。

LXJ-4-450大型离心模拟试验机，由中国水利水电科学研究院研制，并于1991年成功地投入运行，主要用于高坝的离心试验，同时可以进行各种结构承受惯性荷载能力的试验。为了确保试验的安全、准确、可靠，1996年8月下旬，丁肇中曾亲自到中国水利水电科学研究院考察，并且参观了LXJ-4-450大型离心模拟试验机，并且仔细地审查了试件的支架。这一年的9月上旬，在 AMS 北京协调会上，中国水利水电科学研究院离心机研究室的科技人员，向丁肇中等与会的专家，汇报了试验的准备情况，确认了离心试验方案。这年的 11 月，成功地进行了试验。过后，他们把试验的数据提供给了中国运载火箭技术研究院（CALT）和洛克希德—马丁公司（LMES），上述机构认为试验数据准确可靠，为 AMS 试件搭载航天飞机做出了贡献，受到美方代表和中国运载火箭技术研究院的一致好评。

接着丁肇中继续进行紧张的研究工作，为了 2003 年的太空暗物质试验，他经常夜以继日、通宵达旦地工作，依旧十分辛劳。

AMS 计划是丁肇中领导的跨世纪的大型国际合作项目。它的科学使命是寻找宇宙中的反物质和暗物质，并对宇宙中各种同位素的相对精度和高能光子进行精确的测量。

1997 年 11 月，美国国家宇航局（NASA）对 AMS 主结构进行了第二阶段的安全评审，评审委员会一致通过，并且破例地取消了第三阶段的安全评审。

1998 年 6 月，安装了各种探测仪器的 AMS，在航天飞机上进行了为期 10 天的飞行，获得了大量科学数据，中国中央电视台进行了实况转播。

1998 年 10 月 23 日，丁肇中在写给原航天总公司刘纪原总经理的信中，对中国运载火箭技术研究院的支持表示感谢，他在信中说："AMS 主结构的设计和制造已由 CALT 会同 NASA、洛克希德—马丁公司、德国、瑞士和意大利工程师们通过试验，并得到充分验证。可以完全认为：中国航天总公司的工程师们完成了一项世界级的工作。"

1998 年 12 月，由原航天总公司科技委对 AMS 主结构进行了技术鉴定，鉴定认为：AMS 主结构的成功研制，开创了中国航天技术进入国际高能物理研究领域的先例，主结构在薄壳结构设计分析、制造工艺和地面试验方面均达到了国际先进水平。

AMS 主结构的成功研制，使中国的航天技术为世界各国所了解，AMS 的研制，为中国航天技术争了光，其社会效益及政治影响早已超越了技术工作的本身，专家们认为，这在中国航天史上具有重大意义。

由于相信他一定会不负众望，人们热切地期待着丁肇中教授再创辉煌。因此，AMS 计划一出台，就受到了世界各国的热情支持。尤其是中国科技界的全力支持。

几十年来，丁肇中的工作受到他的母校师生的极大关注，密歇根大学把丁肇中的成就视为该校的光荣与骄傲。凯特曼·李在《诺贝尔物理学奖得主 S. C. C. Ting 与密歇根大学有着密切联系》一文中说："AMS 计划是 2002 年开始的实验开发项目，这个项目将用于将来的国际空间站。Ting 的研究团队正在造一个 3 吨重的探测器，这个探测器被称作阿尔法磁铁质谱仪（AMS），是被设计来研究原始宇宙射线中的暗物质原子核的存在的。

"这个实验只能在太空中进行。在太空来自其他粒子的'背景杂音'要少得多。如果这种暗物质存在的话，探测到暗物质将是极为困难的。去年 6 月，一个 AMS 的原型重物随'发现号'航天飞机升空，以便研究其功能和可靠性。

"AMS 或许能有助于科学家理解天体物理学的秘密之一——'暗物质'的本质。银河系的运动和宇宙扩张对天文学家来说，还需要了解更多的物质才能观察到；关于'暗物质'的理论之一，是'暗物质'可能弥漫在宇宙中，以微弱的相互作用的基本粒子的形式出现。根据对它们特性的预测，AMS 探测器可能可以探到它们。"

科学的历史进程告诉人们，新知识往往可以通过实地实验获取。这是丁肇中一贯的想法。1987 年，丁肇中在香港中文大学获得荣誉博士学位，他在获荣誉博士学位的演讲中，做过一个"格物致知"的学术报告。他在报告中说："在中国传统教育里，最重要的书就是"四书"。"四书"中的《大学》说，一个人教育的出发点是'格物'和'致知'。就是说，从探察物体而得到知识。用这名词来描写现代学术发展再适当也没有了。现代学术的基础就是实地的探察，就是我们现在所谓的实验。"

丁肇中在演讲中批评了明朝的大理学家王阳明。他说："王阳明的思想可以代表传统儒家对实验的态度。有一天，他决定'格物'，搬了一张凳子坐在院子里，面对着竹子硬想了7天，结果因为头痛而宣告失败。"

丁肇中提出，今天应该重新体会几千年前经书里说的"格物致知"的真正意义。这意义有两方面：一是寻求真理的唯一途径，是对事物的客观探察；二是探察的过程不是消极的袖手旁观，而是有想象力、有计划的探索。

正是这种永不停止的探索精神，使得丁肇中总是不停地向更高的领域迈进。

在他看来，人类对自然界的探索是无止境的。正如屈原所说：路漫漫其修远兮，吾将上下而求索。

2001年9月18日，丁肇中在中国科学院做报告时透露，如果一切顺利的话，以寻找暗物质为主的阿尔法磁铁质谱仪将于2004年5月再次发射升空，并成为人类第一个安装在国际空间站上的磁谱仪。①

专家认为，这将对进一步破译反物质之谜，揭示宇宙诞生和演化以及物质世界构成等奥秘带来新的可能。

同1998年进行的第一次太空反物质实验相比，这次尝试将有两点不同：一是磁谱仪工作的时间长，从第一次的10天延长到计划中的3年，收集的数据将大大增加；二是作为核心部件，磁铁质谱仪中原来的永磁体将被超导磁铁所替代。

丁肇中说："这将大大提高仪器的探测能力。超导磁铁被用于太空实验是技术高速发展的体现，不久前，这还被认为是不可能的。"

---

① 中国科学院高能物理研究所科学家唐孝威、陈和生、郑志鹏、郁忠强、马基茂等人文章。

在中国科学院创新战略论坛会上，丁肇中在《寻找宇宙中的最基本粒子》的报告中说，经过 3 年的研究，原本是寻找反物质和暗物质的人类第一次太空物质实验，已经取得了一些重要成果，并有意外发现，这些成果和发现，将有助于人类进一步探索宇宙中的最基本粒子，认识宇宙的起源。他说，磁铁质谱仪显示的一系列现象，首次表明赤道上空 400 千米处存在一个围绕地球的质子环，质子环中向各个方向飞行的粒子强度相同，处于动态平衡状态。

丁肇中说，这些粒子都是高能宇宙线粒子与大气层 3 个特定区域碰撞产生的次级粒子，被地球磁场约束在这个"环"中。

让科学家们感到意外的是，研究结果显示，赤道附近的正电子比负电子多 1 倍，而传统理论认为，宇宙是中性的，由数量相同的正电子原子核和负电子组成。太空中，氦原子核的成分应该是氦 4 占 90%，氦 3 占 10%，但这一实验发现，在赤道附近，有一个特别区域中，只有氦 3。

丁肇中说："这又是一个奇怪现象。"

所有这些，都有待于进一步的探索。①

----

① 李斌，张景勇. 人类将再次尝试在太空中寻找反物质［N］. 新华每日电讯，2001 - 09 - 19 (5).

探索宇宙的起源——为飞行而战

年过八旬，丁肇中教授仍日夜奋战在科研第一线。

美国国家航空航天局（简称 NASA）于 2017 年 10 月在休斯敦约翰逊航天中心举行了纪录片《为飞行而战》的首映式。这部纪录片，真实地反映了由丁肇中教授主持研制的阿尔法磁铁质谱仪（AMS），历尽艰难曲折，最终顺利地进入太空的故事，以此向著名物理学家丁肇中致敬。

丁肇中教授及其夫人苏珊·马克思·丁及儿子丁明童，在这之前曾陪同丁教授亲临发射现场。在纪录片的首映式上，丁肇中回忆了那些难忘的岁月。

受两次航天飞机失事的影响，也因为经费紧张，NASA 曾于 10 年前决定取消航天飞机的飞行。

为此，丁肇中挺身而出，他在美国国会的听证会上，以鲜明的观点阐述了探索宇宙起源的重要性，最终说服了参众两院。美国国会于 2008 年通过了 H．R．6063 法律，要求政府为 AMS 特别增加一班航天飞机，以法律的形式支持丁肇中的研究计划。这在美国历史上非常罕见。

2010 年 8 月，美国空军出动现役最大的 C5 战略运输机将体积为 60 立方米的"大家伙"——阿尔法磁铁质谱仪从日内瓦的欧洲核子研究中心运送到美国佛罗里达州的肯尼迪航天中心发射场。

NASA特地为丁肇中增加了一班航天飞机。2011年5月16日，"奋进"号航天飞机最后一次执行任务，将阿尔法磁铁质谱仪送上了国际空间站。

为了不出现丝毫差错，在发射前，丁肇中一个人留在航天飞机的载荷舱里长达4个多小时，他仔细地回忆了阿尔法磁铁质谱仪研制的全过程。

丁肇中说："我参与了所有的决策，不能有任何差错，因为很难有第二次发射的机会。"

4个小时以后，他从航天飞机的载荷舱里走出来，回忆当时的情景，他说："我浑身发冷，有点害怕……"

至2018年，阿尔法磁铁质谱仪已经在距离地面400公里的国际空间站上运行了6年多，超出了设计寿命的一倍，不断地给科学家们送来惊喜。

阿尔法磁铁质谱仪的核心部件是永磁体，由中国科学院电工研究所制造，中国航天科工一院负责组装和测试。

丁肇中说："中国内蒙古有世界上最好的生产永磁体的材料。中方合作单位制造的永磁体由4 000块小磁体组成。我们找到了一种方法，克服了永磁体在太空中使用的困难。在这期间，中国科学院高能物理研究所和美国麻省理工学院都做了重要贡献。"

丁肇中强调这是一个国际合作项目，他说："有上百位中国科学家参与了这个项目。"他感谢中国的中山大学、东南大学、山东大学的研究人员所做的贡献。

"空间站93分钟绕地球一周，每6天都有大量数据传回地面，由研究人员一天24小时及时处理，每班6人，不间断地进行监测和分析，没有节假日。"

丁肇中说："阿尔法磁铁质谱仪实验的第一个目的是寻找宇宙中的暗物质（也称反物质）的来源。宇宙中有90%的物质是看不见的，因此叫暗物质。暗物质遇上暗物质，会发生湮灭现象，并产生正电子。"他说，"阿尔法磁铁质谱仪的另一个目标是寻找由暗物质组成的宇宙。如果宇宙起源于大爆炸，大爆炸之前是真空，那么，大爆炸之后应该有相同数量的物质与暗物质，这就是宇宙的对称性，物质和暗物质在大气中相互湮灭，因此，在地面上不可能探测到暗物质。"

丁肇中是一位勇于献身，不懈追求科学真理的物理学家，在获得诺贝尔奖之后的若干年间，他始终没有停止对科学真理的探索，年过八旬之后，仍孜孜不倦地日夜奋战在科研第一线。

有人问他为何始终没有停止对科学真理探索的脚步，他说："我幸运地获得诺贝尔物理学奖，正是这份幸运，使我一直保持着对科学真理探索的好奇心，年龄不是问题。我每天忙于工作，没有时间去理会年龄。"

关于这个话题，30年前，笔者也曾问过丁肇中教授。

那是1989年春季的一天，我在CERN的地下隧道里采访丁肇中。

那天，他快步在隧道里检查工作，我紧跟在他的后面。

"你对隧道里的情形这么熟悉，每天都来这里视察？"我笑着问他。

他停下来，用炯炯的目光瞥了我一眼，说："只要我在欧洲核子研究中心，每天至少来一次，不过，不是视察，是和群众打成一片！"说完，我俩都笑了。

"你早已获得诺贝尔奖，可以说功成名就，为何还这样不辞辛劳地日日夜夜奋斗不息呢？"我不解地问他。

听了这话，思忖片刻，他说："这个问题10年以后也许能回答你，现在还为时过早。"他又说："我也不知道我的探索何时是止境。总之，我对实验有兴趣！"

这就是丁肇中。眼下，这位大物理学家还在忘我地工作着。他的思绪已经随着那个日夜围着地球转的"大家伙"，进入了浩瀚的宇宙。

二十几年前，我在CERN采访时，他的妻子苏珊·马克思·丁谈起丈夫时，曾对我说："他（丁肇中）是 work work and work！（工作工作再工作）"

这是对丁肇中教授的真实写照，也是苏珊的一句名言，这句名言将伴随着丁肇中不朽的科学成就进入永恒。

附　　录

（1）丁肇中教授谈科学试验

　　（原载 1979 年 10 月 7 日《人民日报》）

（2）丁肇中教授谈 L_3 实验

　　（原载 1986 年第 37 期《瞭望》）

（3）丁肇中教授获得诺贝尔奖之后

　　（原载 1989 年 1 月 30 日第 5 期《瞭望》）

（4）从日内瓦湖到查尔斯河畔

　　（原载 1991 年 6 月 10 日第 23 期《瞭望》）

（5）SSC 停建之后

　　（原载 1993 年 12 月 27 日《瞭望》）

（6）丁肇中教授与记者的采访情缘

　　（原载 2001 年 8 月 25 日第 4 期《瞭望》）

附件（1）

丁肇中教授谈科学试验

1976 年冬，瑞典皇家科学院举行隆重仪式，颁发诺贝尔物理学奖。全世界许多著名的科学家济济一堂，全神贯注倾听一位学者用中文发表的重要演说："我是在旧中国长大的，因此想借这个机会向在发展中国家的青年们强调实验工作的重要性。中国有一句古话：'劳心者治人，劳力者治于人'。这种落后的思想，对在发展中国家的青年们有很大害处。由于这种思想，很多在发展中国家的学生们都倾向于理论的研究，而避免实验工作。事实上，自然科学理论不能离开实验的基础，特别是物理学，它是从实验产生的。我希望由于我这次得奖，能够唤起在发展中国家的学生们的兴趣，而注意实验工作的重要性。"

这是著名美籍物理学家丁肇中教授因发现 J 粒子而获得 1976 年度诺贝尔物理学奖金时发表的演讲。自那时以来，三年过去了。不久前，由他领导的一个高能物理实验小组又在德国汉堡的一台正负电子对撞机上找到了胶子存在的实验证据。这一重要发现，曾使各国物理学家们欣喜若狂。在这么短的时间里，丁肇中教授和他领导的小组在科学上接连取得惊人的成就，他是怎样领导大家进行科学试验的呢？

一个晴朗的秋日，记者就此访问了丁肇中教授和在他的小组工作和学习过的中国科学工作者唐孝威、郑志鹏、朱永生、许咨宗、张长春、吴坚武、杨保忠。

下午两点半钟，丁肇中教授走进了和我们会见的房间。他看起来很年轻，不像 43 岁的人。他热情地和大家握手问好，坐下来仔细听记者的提问。

当记者对他和他的小组最近找到胶子存在的证据表示祝贺时，他谦逊地笑着说：最值得祝贺的事情，是中国人民决心要实现四个现代化。

丁肇中教授是第三个获诺贝尔奖的美籍中国血统的年轻学者。他离开中国远涉重洋前往美国求学时，年仅 20 岁。他完全靠奖学金念完了大学。他说，在这样艰难困苦的境况下读书，"就得多用功"。从上大学到取得博士学位到开始做科学研究工作，一般人要用 10 年的时间，而他由于勤奋好学，只用了 6 年。

"这样刻苦攻读，你不觉得苦吗？"记者问道。

"噢，不，不，不，一点也不，没有任何人强迫我这样做。正相反，我觉得很快活。因为我有兴趣，我急于要探索物质世界的秘密。"他爽朗地笑起来。

"任何科学研究，最重要的是要看对于自己从事的工作有没有兴趣，换句话说，也就是有没有事业心，这不能有丝毫的强迫。许多人从事科学研究的时间并不长，而接连出成果，我认为很重要的原因就是他们有事业心。比如搞物理实验，因为我有兴趣，我可以两天两夜、甚至三天三夜待在实验室里守在仪器旁。我急切地希望发现我所要探索的东西。"

70 年代初，丁肇中教授怀着渴求科学真理的心情，到了美国东海岸的布鲁克海文国家实验室。经过几年的努力，1974 年他和他的小组把一束高能量的质子打在铍靶的原子核上，发现了一个重量比质子重三倍多的粒子。经过分析研究，他们发现这个新粒子的寿命比通常相近的基本粒子要长一千倍。发现重量这么大，寿命又这么长的基本粒子，这还是头一次，这就是著名的由丁教授亲自命名的 J 粒子。这个重大发现曾经轰动了世界，使一度沉寂的国际高能物理学界重又活跃起来。科学界认为，J 粒子的发现好比敲开了一个基本粒子家族的大门，给高能物理学的研究展示了新的前景。由 J 粒子提供的线索领路，科学家们又连续发现了一连串相类似的新粒子，使人类对物质微观结构的认识，前进了一大步。

在这以后，丁肇中教授继续利用欧美各国的大加速器从事高能物理的科学实验工作。和他在一起工作过的科技人员说，他对工作的要求十分严格。工作起来一丝不苟，每天下午召集全组开会，检查布置工作。在讨论的时候，大家可以充分发表意见，展开争论，最后由他来做决定，规定好各自应该完成的任务，和完成任务的时间，并把工作计划打印出来，人手一份，他随时检查进度，到时候一定要完成。

"听说在你的实验室里工作，一切由你一个人决定，是吗？"记者问道。

"哎——对啦！"他笑着说："在讨论工作的时候，任何人都可以发表意见。最后我来做决定，一旦决定了的事情，大家就必须执行，不执行或是执行不力，那是决不容许的。"

丁教授还说，"为了使我的实验小组保持蓬勃的生命力，凡是在我那里工作过的人，三五年之后，我就介绍他到政府部门搞行政工作，或是介绍到学校去教书，或者参加别的科学实验。这样做的好处是可以不断地从中选拔出最优秀的人才来搞科学实验。"

在他那里工作过的我国科学工作者谈起丁肇中教授的治学态度时，对他很钦佩。他们举了一个例子。一次，测量几百个光电倍增管的各种参数及考验管子的稳定性。在测量过程中，发现 100 个管子中有 10 个噪声很大。搞这项工作的人本想就改装这 10 个噪声大的管子就行了。因为要全部改装，费时很多，而且每只管子价值都是近千美元。尽管如此，丁肇中教授仍然坚持要全部拆了重来，每个管子要考验两天，一个也不能放过。他认为，搞实验，仪器不可靠，数据当然就不可靠，因此，他不允许有任何的马虎和懈怠。

丁肇中教授本人在实验进行过程中，也和大家一样，常常是通宵达旦、夜以继日地工作着。我国科学工作者还讲了这样一件事：一次，他们小组作了一些计数器，要运到日内瓦的欧洲核子研究中心去核对，因为那里有标准的束流。当时，丁肇中教授在美国，虽然远隔重洋，他还是连夜打电话，仔细询问了核对的情况，包括电子学的线路是怎么接的，都在电话上进行详细的询问。大家还举了一些例子。一天晚上，在德国汉堡的实验室里，我国一位科学工作者值夜班，取数据。那天晚上，丁肇中教授一直工作到深夜两点才回去睡觉。刚过五点他又打电话来问仪器有什么毛病没有？实验进行得如何？总之，丁肇中教授认为，在科学的道路上，不脚踏实地地工作，不付出艰苦的劳动，就不可能前进；松松垮垮，舒舒服服，是搞不出名堂的。

当大家又提起类似的故事时，丁肇中教授笑了。他说，自然界的奥秘随时都在吸引着每一个有志于科学的人，谁都想走在时间的前面，有所发现。因此，搞科学实验，争取时间是很重要的。

谈到这里，丁肇中教授真诚地表示，在他那里工作的中国科学工作者大都是对科学有兴趣、有发展前途的人。希望他们回国以后继续从事科学研究。由于搞科学实验要废寝忘食地干，因此，在生活方面要尽可能地不要让他们为家务事分心。他不客气地说："一天回家作三个钟头的家务，那还搞什么科学！"

在谈到搞科学实验应由什么样的人来领导时，他说："搞物理实验最好还是由物理学家来领导，过去西欧、美国的实验室有不少事实说明，由加速器专家领导的物理实验就不如由物理学家领导的实验搞得好。因为不是同行或不懂行的人，往往缺乏科学的预见。"

谈到关于高能物理今后的发展及他所从事的实验工作的目的和意义时，丁肇中教授兴致勃勃地说，高能物理这一门科学的发展是非常迅速的。自从伽利略从比萨斜塔上丢下两个大小不同的物体证实了重力加速度是一个常数，这可以说是那个时候的直线加速器吧，到 19 世纪末期，X 光的发现，相对地说，也算是当时的高能物理研究。20 世纪 30 年代，中子的发现以及以后愈来愈多的新粒子的发现，高能物理研究的规模越来越大，涉及的学科越来越多，对仪器精密度的要求越来越高，因为它探索的粒子越来越小而且有各种不同的特点。因此，在加速器建成以前，物理人才的训练，实验题目的选择是很重要的。否则加速器虽然建成了，但很可能作不出像样的物理实验。他希望，到他那里工作过一段时间的人，今后最好能不断地到国外去继续深造。这样，等到中国建成了加速器，就可以得心应手地在上面开展物理实验。

话题又转到他目前的研究工作上。他沉吟了一会儿说："找到胶子存在的实验证据，算不了什么。20 世纪微观物理学的一大进展就是发现除牛顿所发现的引力相互作用和 19 世纪确立的电磁相互作用外，还有两种新的相互作用：强相互作用和弱相互作用。我做物理实验的目的，是想找到这四种作用力的基本联系，这样对宇宙中的大部分物理现象，就能有一个全面而深刻的了解了。"

丁肇中教授兴奋地说，最近他领导的小组在研究正、负电子对撞产生电子或 μ 子或 τ 重轻子的过程中，对量子电动力学进行了检验。首次测量到电子、μ 子、τ 重轻子的半径小于亿亿分之二厘米，这就是说，它们比原来认为的更小，证实在这样小的范围内量子电动力学还是正确的，这个实验结果，使人们对带电轻子和电磁相互作用的了解更深入了一步。

访问快要结束的时候，记者请丁肇中教授谈谈自 1975 年以来 4 次访问中国的观感。他坦率地谈了他的印象。他说："1975 年来时，在北京和科学家们谈了谈。那时，没有人谈科学，科学家们都处于恐怖状态；1977 年来访，科学家们兴奋地告诉我，他们获得了第二次解放。这次回来，见到高能加速器的预制研究已经开始，慢慢也有个计划，大批的留学生、研究生、访问学者也都派出去了，情况和几年前相比，大不一样了。"

（原载 1979 年 10 月 7 日《人民日报》，有删改）

附件（2）

丁肇中教授谈 L_3 实验

盛夏的一天下午，记者在北京饭店七楼的一间客房里访问了著名实验物理学家丁肇中。

"听说你正在欧洲核子研究中心领导一次惊人的实验，模拟宇宙初开时一刹那间物质的变化？"见面后，记者问道。这天，丁肇中身穿白色蓝条布上衣，他神情专注地听完提问，用流利的普通话说："是的。日内瓦的欧洲核子研究中心正在做正负电子对撞机，周长 27 公里，预计 1988 年年底完成，有四个实验区，由欧洲 14 个国家共同出钱，造价十亿瑞士法郎，四个实验区中有一个实验区是我领导的。我领导的实验有 400 多位科学家参加，他们有的来自中国，有的来自美国 12 个大学，还有的来自苏联能源部和苏联科学院、瑞士的苏黎世高等工业学校以及法国的科研机构。是第一次有苏联、美国、西欧和中国科学家参加的大规模科学活动。"

"实验叫什么名字？"

"L_3"丁肇中用手划了个英文字母 L，微笑着说。

为什么叫这个名字？有什么寓意吗？

他摇了摇头说："不为什么，没有什么寓意，代号而已。"随后，他就滔滔地谈起了进行这项实验的目的。丁肇中说："我们做这个实验的目的是寻找基本粒子质量的来源，想弄清楚为什么有的基本粒子重，有的基本粒子轻？这是实验的重要目标之一。也就是说，要寻找宇宙中最小的结构是什么？中国古时候，人们认为世间最基本的东西是金木水火土；到了 17 世纪，人们又认为化学元素是最基本的。这个世纪初期，电子发现了，质子发现了，观念改变了。70 年代初期，经过好多年的实验，其中也有我的实验，科学家们认为宇宙中存在'层子'。现在已经找到了五种层子（注：也就是外国科学家所说的'夸克'）。那么，为什么只有五种？也有的说有六到九种，它们中间的相互作用力是什么？有没有更小的东西？这就是我们即将进行的实验的目的。"谈到这里，丁肇中站起来推开里屋的门，把手指放在嘴上暗示女儿别吵，然后又回到座位上接着说："这次实验的规模大，用的东西也很复杂。用了 16 个大的电子计算机，用了 7 000 吨铁、1 000 吨铝做线圈，用了 300 吨铀来测量反应产物的能量，还用了 10 吨锗酸铋（BGO），这是一种非常名贵的晶体，是上海硅酸盐研究所的科学家们研制的，现在正在大量生产。一些非常精密的电子仪器，是美国宇航局设计的。L_3 实验需要的各种仪器正大量制造，预计 1988 年年底装好。"

谈到这项实验未来的应用前景时，丁肇中说：

"正式应用是几十年以后的事情。这个世纪初，伦琴发现了 X 光，30 年以后才用到医学上，30 年代发现了中子，和平应用也是二三十年以后，因此，我们实验的成果，应用也是二三十年以后的事，它的应用价值就很难估计了。比如，谁能估计 X 光和中子的价值？"

丁肇中教授还雄心勃勃地谈了用人工进行的实验，模拟宇宙初开时的壮观情景。他说，宇宙是从大爆炸开始的，当时的温度非常高，有电子、重电子、"层子"，慢慢地冷却起来了，层子变成了质子，质子变成了原子核，变成了原子，宇宙初开到现在有若干亿年了。日内瓦正在制造的正负电子对撞机，有很高的能量，它将把一个城市的电力输入进粒子加速器，让正负电子碰撞，碰撞的时间很短很短，只有一亿分之一秒，温度很高很高，相当于太阳表面温度的几百万亿倍，制造宇宙刚爆炸时的温度，目的是弄清楚宇宙最基本的东西，也就是所谓的"层子"是什么？

丁肇中告诉记者，这次来中国访问，除到新疆等地参观讲学外，还给中国高能物理界做了个学术报告。他说："我讲了国际上高能物理发展的现状，问题就是加速器越做越大，越做越复杂，美国正计划做周长 100 公里、造价 600 亿美元的加速器，代号叫 SSC，再做更大的就很困难了。因此，应该研究新的加速技术和加速原理，这是很重要的，不然，高能物理的发展就到此为止了。"

"你领导的 L_3 实验，何时能出成果？"

"很难说。有的人顺利，有的人不顺利，需要看发展。"

当记者请丁肇中谈谈对我国科技发展的观感时，他反复强调了实验工作的重要性。他说："中国人很聪明，这一点任何人都不怀疑。遗憾的是，传统不太注重实验科学，这是很可惜的。自然科学是个实验科学，任何理论都离不开实验，这个世纪科学上有发明创造的多是西方人，中国人的贡献不太多，中国人口占世界人口的四分之一，贡献应该大。贡献不多的原因是一向不太注重实验，我的看法并不是因为穷、仪器不好，最重要的是基本观念问题。这个问题，我不知道和我的那位老乡孔夫子有没有关系？"讲到这里，丁肇中放声大笑起来。笑过之后，他又诙谐地说："我看他至少应负一定的责任，这样说，山东人可能对我有意见，以后我就不能回山东了！"

注重实验是丁肇中一贯的思想。早在 1976 年他在因发现 J 粒子获得诺贝尔物理学奖的授奖仪式上发表的著名演说中就说过："我希望由于我这次得奖，能够唤起在发展中国家的学生们的兴趣，而注意实验工作的重要性。"

"实验科学并不是动手，动手的应是技术工人。一位实验科学家应当彻底了解理论，只有彻底地了解了理论以后，才能做出出色的实验成果。例如，华裔科学家中吴健雄就很出色，李政道和杨振宁提出的宇称不守恒的'李一杨假说'，就是吴健雄做的实验证实的。科学的发展不是少数服从多数，而是多数服从少数。也就是说，谁发现了真理服从谁。中国学生擅长背书，背书只能把别人发现的东西背下来，但仅仅这样是不够的，长久下去，就不能发展，因为不会做创造性的工作。在中国青年中应当鼓励探索精神。中国科研机构有很多很多仪器，摆在那儿不用，台湾、香港也一样，我不知道是不是与我那位山东老同乡孔夫子有关系？"他说完又笑起来。

（原载 1986 年第 37 期《瞭望》，有删改）

附件（3）

丁肇中教授获得诺贝尔奖之后

1976 年 12 月 10 日从瑞典皇家科学院传出的那件震动世界科坛的新闻，人们至今记忆犹新。中国血统的美籍物理学家丁肇中，因发现 J 粒子，荣膺当年的诺贝尔物理学奖，成为继杨振宁、李政道之后，第三位获得这项殊荣的华裔科学家。

自那时以来，13 年过去了。丁肇中教授从暴风雨般的掌声中走下领奖台，丝毫也没有沉醉在赞美声中。作为一位杰出的实验物理学者，他至今仍然活跃在实验物理的最前沿，日日夜夜，年复一年，从一座高峰忘我地迈向另一座新的高峰。

年前记者在瑞士日内瓦市郊的欧洲核子研究中心，访问了丁教授和他领导的 L₃ 实验的合作者们，深深感受到丁肇中教授无止境地执着追求和忘我的进取精神，这对于有志于振兴中华民族科学文化事业的海内外青年们，都是值得学习的。

走下领奖台之后

从瑞典皇家科学院领取了诺贝尔物理学奖回到美国，丁肇中没有周游世界，没有从一个讲台走上另一个讲台发表演讲，没有置身于献花、喝彩和掌声之中。他到哪里去了？

"丁率领他的实验组很快回到美国布鲁克海文国家实验室，继续在这里的加速器上寻找新粒子。"丁肇中的合作者柏格博士对记者说："丁当时非常忙，他负责整个实验的运行，每天坐在实验厅的计数器旁不回去。他住在集体宿舍很小的一间房子里，偶尔他的女儿和妻子来了，就到外面住几天。白天因为干扰多，许多实验只好在晚上做，我们分成两班做实验，丁白天在，晚上也在，所有重要的实验仪器他都亲自检查。他往往是先回宿舍里休息一下——很短时间，就又赶紧回到实验厅工作。因为太忙了，连吃饭时间都没有，到外面买了带回来吃。由于实验是在欧洲和美国的加速器上同时进行，丁便穿梭旅行进行指导。他常常是下了飞机就赶到实验室立即投入工作，虽然实验的规模很大，但他能掌握得很有条理，对工作中的许多具体细节都了如指掌。在他的指导下，继 J 粒子之后，历尽千辛万苦，我们又发现了胶子存在的实验证据。"

不满足已有的成就，是丁肇中教授一贯的作风。寻找胶子的实验结束后，他立即着手准备在欧洲核子研究中心的巨型正负电子对撞机上，进行更大规模的 L_3 实验。这项空前复杂的实验，准备工作历时 6 年之久，有 14 个国家的 460 多位物理学家和 600 多位工程技术人员参加。实验用的 4 个巨型探测器——顶点探测器、电磁量能器、强子量能器和 μ 子探测器，以及计算机和触发系统，不仅物理设计构思巧妙复杂，而且所需要的原材料，都没有成品。为确保实验的成功，他从探测器的原材料质量抓起，直到这些探测器安装在 52 米深的地下隧道里，6 年中可以说几乎每天他都是日理万机。

"丁教授坐飞机是'买月票'。他为了和分布在世界各地的研制探测器的研究所保持密切联系，一个月中，要在瑞士和美国之间往返飞行二三次，中间还要飞往中国和苏联，以及其他国家。我们坐飞机不能睡觉，他正相反，坐飞机是最好的休息时间，常常见他下了飞机眼睛里挂着血丝就直奔实验室……"丁肇中的合作者说。

人们举了个例子：L_3 实验用的电磁量能器，由 8 000 根每根价值 1 000 美元的锗酸铋晶体（BGO）组成，这种和钢一样重的晶体，每根后面装着一个光电二极管。正负电子对撞时，它能把对撞后产生的光信号转变成电信号，科学家们坐在地面上的控制室里，通过电信号可以判断有无粒子通过，从电信号的大小判断粒子的能量。探测器设计出来后，丁肇中和他的合作者们首先遇到的问题是：大量的锗酸铋晶体从哪里来？

当时，苏联、美国和中国相互间的关系还未缓和，然而并未影响科学家之间的国际合作。当丁肇中了解到苏联有氧化锗，中国有氧化铋，上海硅酸盐所有可能研制出大量 BGO 晶体之后，当即飞到苏联带上氧化锗，再飞到上海，直到帮助硅酸盐所研制出大量合格的 BGO 晶体并且成功地安装到探测器上调试合格为止。

再如 μ 子探测器，在研制过程中，丁肇中也倾注了大量心血。这种探测器的主要部件在美国的波士顿制造，激光校正系统在瑞士制造。还有名叫强子量能器的探测器，在丁肇中领导下由苏联、中国、美国科学家合作设计。研制过程中，他不仅亲自在第一线主持方案论证，并且在 3 个国家的科学家之间做了大量组织协调工作。

谈起为何如此认真地对待探测器的研制时，丁教授说："仪器不可靠，数据当然不可靠。如果实验做错了，当然很坏；如果做对了，但是是第二名，也是完全没有意思的。作为实验物理学者，谁都想得第一名，松松垮垮，不合作共事，这样人规模的实验就不会成功，因此各国科学家的团结是十分重要的。"

一天，他向瑞士政府代表团介绍了探测器的研制工作，诙谐地说道："你们可能担心苏联、美国、中国科学家的合作会发生问题，不过，请不要担心，强子量能器已经安装在地下隧道里。"

工作、工作再工作

规模空前的 L₃ 实验，耗费了丁肇中大量的时间和精力。由于实验十分复杂，牵涉的学科多，而且是许多国家合作进行，因此，他作为实验项目的负责人，每日工作量大得惊人。他每日清晨 6 时半起床，思索一下一天的工作，吃罢早饭就自己开着汽车去上班，直到深夜才归。人们说，丁教授有个本子，每天要做的事他在上面都有记载，他和实验组的学者谈话后都记下要点，然后逐日记下进度、处理情形，直到问题完全解决为止。

我在欧洲核子研究中心采访时，正好赶上 L_3 实验组举行两个月一次的全组会。会议在这个中心主楼的大阶梯教室举行。这天，大厅里坐满了人，有美国人、苏联人、瑞士人、中国人、法国人、意大利人、西班牙人、德国人，等等。

会议开始后，丁肇中手持教鞭一面在讲台上来回地踱步，一面宣布会议日程。报告开始后，各种肤色的科学家一面在投影仪下映出有关 L_3 实验的各种数据，一面用英语讲解，数百人的目光注视着讲台，谛听着。每位做报告的科学家精神尤为集中，唯恐丁肇中突然发问时回答不上来，或是回答得不准确而当众露怯。因为即便是每个细小的环节，他也不允许有任何的马虎和懈怠。

"在这里，一切由 Prof. Ting（丁教授）说了算，他做出的决定必须执行，不执行或执行不力是不允许的。因为他的决定也是大家的决定，在决定问题以前，他都是耐心地、仔细地听取大家的意见。"美国的怀特博士说。

两天的全组会就要结束了。十几位科学家分别就各种探测器的研制、测试，以及磁铁、计算机、触发系统的安装调试做了阶段性报告，最后由丁教授做总结。这天会场上座无虚席，连地上也坐满了人。他的总结简明扼要，内容包括：下次会什么时候召开，各种探测器的安装、测试什么时候完成，质量如何保证，哪部分工作由谁负责，等等。

组会结束时，已近黄昏，晚上他又和分组的负责人商量工作到深夜。散会时，见他有些疲倦，有人问道：你该回家休息了吧？他一面匆匆地向办公室走，一面看着手表说："现在是美国时间下午 3 点钟，还得打电话去！"

丁肇中虽然有健壮的体魄，但是长年累月地忘我工作，毕竟消耗体力。一天，他刚下飞机没有回家休息就直奔地下隧道——当时用于 L_3 实验的巨型支撑管正在隧道里安装。

"呀，你流鼻血了！"在场的人惊讶地说。

他听了一边掏出手帕擦血，一边若无其事地说："没事，没事。"

"你白天黑夜工作，连星期六、星期日也不回家，你的夫人没有意见吗？"丁教授听了，笑笑，未作回答。

他的夫人苏姗·马克思·丁在同人谈到类似的话题时，曾用亲昵的口吻说："他是 Work Work and Work！（工作工作再工作）"

"不过，他是一位很好的丈夫和父亲，虽然终日忙于工作，但总是和家庭保持着密切联系——用电话。"

探索未有尽期

今年 7 月 15 日，世界最大的正负电子对撞机将开始运行。L_3 实验的第一批物理结果年底将公之于世，眼下，各种探测器的安装调试正在加紧进行。

所有这些，时刻都在牵动着丁肇中的心。一天晚上，丁教授独自带我参观了安装探测器的地下隧道。他头戴安全帽，一面带我沿着脚手架在深达 52 公尺的隧道里走来走去，一面指着高 15 米、长 13 米的红色巨型磁铁说："这块磁铁重 8 000 吨，它能产生 5 000 高斯（10 000 高斯等于 1 特斯拉）的磁场，原材料由苏联提供，磁铁是瑞士制造的，已经安装好。里面的支撑管长 34 米、直径 4.5 米，顶点探测器、BGO 探测器、强子量能器将分别安装在支撑管内外。各种探测器将在今年 5 月 15 日以前进隧道。为了防止辐射，这里将安装 500 吨重的水泥门，还有触发系统和计算机系统。对撞机运转起来之后，人就不能进隧道了，坐在地面的控制室里采集各种数据……"

"L_3 实验的目的是什么？"

"L_3 实验模拟早期宇宙的形成，也就是大爆炸。我们和其他实验的不同之处是，能高精度地测轻子，我们将寻找粒子质量的起源。正负电子对撞，产生电子、μ 子和丢失的粒子。通过不同的能量寻找新粒子，这就是我们进行 L_3 实验的目的。"沉吟片刻，丁教授又说："通过正负电子对撞后丢失的能量，可以推测丢失粒子的质量，这种粒子普遍认为是质量的起源，物理上叫黑格斯现象。理论上的预言已经证实，1982 年意大利物理学家鲁比亚发现 $W^{\pm}$、Z^0 粒子，两年后得诺贝尔奖，但是实验上至今还没有找到证据。因此，寻找黑格斯也是我们进行 L_3 实验的目的之一。"

谈到 L_3 实验的终极目的——应用前景，丁肇中笑了。他说："给你讲个故事，有一次，法拉第找财政部长要钱，财政部长问他的实验有什么用？他回答说：'现在还没有用，将来可能有利于你的税收'。法拉第是对的，电磁作用发现后，出现了整个电力时代。"

说完，丁教授又快步走在隧道里检查起工作来。我紧跟在他后面，笑着问道："你对隧道里的情形这么熟悉，每天都来这里视察？"他停下来，用炯炯的目光瞥了我一眼，诙谐地说："只要我在欧洲核子研究中心，每天至少来一次，不过，不是视察，是和群众打成一片！"

"你早已获得诺贝尔奖，可以说功成名就，为何还这样不辞辛劳地日日夜夜奋斗不息呢？"

听了这话，他思忖片刻回答说："这个问题 10 年以后也许能回答你，现在还为时过早。"接着，又说："我也不知道我的探索何时是止境。总之，我对实验有兴趣！"

丁肇中教授曾追述说："抵达美国时，我才 20 岁，寄住在密歇根大学工学院院长布朗教授家中。当时，我只会一点点英文，对于美国的生活花费，毫无概念。在台湾时我从书报中知道，许多美国学生自食其力完成大学教育，因此我告诉父母我也要如此。1956 年抵达底特律机场，我身上只有 100 美元，我以为这个数目超过了需要。加上我不认识任何人，交谈有困难，心中很害怕，第一年便在语言不通、生活环境不同、学习困难的情况下度过。由于我依靠奖学金念书，我必须十分用功，以保有这份奖学金……"

这番话，也许有助于理解丁肇中教授为什么在获得诺贝尔奖之后，仍然还在日夜不停地奋斗。

（原载 1989 年 1 月 30 日第 5 期《瞭望》，有删改）

附件（4）

从日内瓦湖到查尔斯河畔

早春时节，我乘飞机从北京出发，一直向西飞行，10 小时后到达苏黎世。随后又坐了 3 小时的火车，穿越瑞士绿色的原野到达日内瓦；尔后换乘汽车，转眼，CERN（欧洲核子研究中心）的标牌便映入了眼帘。

CERN 在瑞士乃至欧洲和全世界很有名。在这个巨大的跨越瑞士和法国的核子研究中心，由欧洲 12 个国家集资建造的、迄今为止世界最大的正负电子对撞机正昼夜不停地运转着。4 个实验区里云集着的成百上千的物理学家，正在紧张地通过各种探测器研究正负电子对撞后产生的新现象，寻找新的粒子。

（一）

到达 CERN 后，丁肇中教授领导的 L_3 实验的科学家们正在举行每月一次的组会。

"你也不是第一次来了，随便找人采访吧！" 见面后，丁教授对我说。报告会在 CERN 的大阶梯教室举行。那天早晨，丁肇中教授奔父丧后刚下飞机，没有休息就赶来主持会议。虽然他的神情有些疲惫和伤感，但依然认真地报告并听取了各国科学家关于探测器运行情况、数据采集以及分析工作的演讲。在数百人参加的报告会上，除报告人的演讲声外，鸦雀无声。这是因为与会者中，不少人对丁教授的严格要求都有亲身体验。谈起丁教授的工作作风，人们都很敬佩，同时对他一丝不苟的要求，都有深刻印象。从 1975 年开始和他在一起工作的美国麻省理工学院的赫特教授说："Ting 总是追求最好的物理工作，他不仅注重目前的工作，而且非常注重未来的工作，因此，不会迷失方向。例如最近几天，他组织大家讨论寻找黑格斯，什么叫黑格斯呢？通过正负电子对撞后丢失的能量，可以推测丢失粒子的质量，这种粒子普遍认为是质量的起源，物理上叫黑格斯现象。理论上的预言已经证实，意大利物理学家鲁比亚发现 $W^{\pm}$ 和 Z^0 粒子，1984 年获得诺贝尔奖，但是实验上至今还没有找到证据，因此，寻找黑格斯也是进行 L_3 实验的目的之一。

"在讨论中，Ting 对大家说：如果存在黑格斯，我们一定要第一个发现，而不是第二个。L_3 实验有很多组，大家都希望首先发现黑格斯，为了保证找到黑格斯，Ting 领导大家仔细地讨论，他强烈要求每个探测器都达到最好的指标，要求很高。当年他发现 J 粒子时，就是因为谱仪的分辨率高才发现的。如果探测器的分辨率不高，就发现不了新东西。这是 Ting 一贯的思想。在往地下隧道里安装 L_3 实验用的电子学线路时，Ting 主持召开了许多次会，他对电缆的颜色、走向都有极严格的要求，在连接时，不允许有任何差错，总的来说，Ting 在获得诺贝尔奖之后，从未放松对物理的追求，而是在计划新的实验。他以自己的行动说明，你要做物理的话，你就要有献身精神。Ting 对物理有强烈的兴趣，给年轻人树立了很好的榜样。"

（二）

在欧洲核子研究中心 29 号楼的一间办公室里，我访问了苏联高能物理研究所副所长施维琴科和莫斯科理论与实验物理研究所教授尤里博士。他们作为参加 L_3 实验的苏联科学家代表，对 L_3 实验前景非常乐观。两位物理学家用流利的英语和记者交谈。他们说，高能物理发展到今天，必须建造巨型的粒子加速器和极为复杂的探测器，才能发现新的粒子，需要的费用越来越大，少数国家是负担不了的，只能通过国际合作进行。早在 10 至 15 年苏联就开始参加国际合作，在欧洲核子研究中心，苏联科学家做过质子、中子电荷交换实验，参与研究过中微子物理，近几年参加 L_3 实验。L_3 实验有十几个国家的数百位物理学家参加。各国科学家风格不同，经验有差异，因此，组织工作是很大的工程，丁教授为此付出了很大力气，他甚至在飞机上都和研究中心的科学家们保持着联系，随时了解实验的进展，及时给予指导。在整个实验过程中，他在做任何决定之前都深入了解情况，因此，他做的决定大家都能遵守。他很了解各国科学家的长处，能把不同国籍、不同经验、不同风格的人团结在一起，把有利因素发挥出来，在整个实验中让每个国家所做的工作都显示出来。目前，实验已取得不少成果，非常精确地测到了 Z^0 粒子质量、寿命、电位差，测了中微子，确定了种类，测到了拓扑夸克的质量、参数，验证了温伯格—萨拉姆提出的标准模型计算数据是正确的，已经在美国和欧洲有影响的物理杂志上发表了 30 多篇论文。

在这个欧洲最大的核子研究中心，每个科学家面前都有一台计算机终端。科学家们日夜通过计算机终端研究正负电子对撞后产生的各种事例的电荷、性质、动量，一般人看来那些无穷无尽的粒子符号和数字是那样枯燥乏味，然而正是由于通过科学家们的辛勤劳动弄清了原子的结构，才出现了原子能的利用。高能物理发展到今天，各种复杂的粒子加速器，已有可能把组成原子核的各种粒子的内部结构逐步地弄清楚，弄清了粒子的结构，应用前景同样是无法估量的，这也许就是为什么世界各国竞相研制越来越大的对撞机和越来越复杂的探测器的缘由吧。

（三）

结束了对欧洲核子研究中心的访问，从日内瓦乘飞机飞越大西洋，一个雨雾迷蒙的黄昏，我到达波士顿。在波士顿的剑桥（Cambridge），波涛汹涌的查尔斯河把麻省理工学院（MIT）和哈佛大学分开。

麻省理工学院是丁肇中教授执教多年的著名大学，校园里高楼林立，鲜花盛开。丁教授办公的 44 号楼前矗立着一个大写的"J"（发现 J 粒子的标志）字，上面写着 1974—1984 年。进门后左边大厅里放着用于 L_3 实验的 μ

子探测器模型，再往里走，是科学家们的工作间。一台台计算机终端，随时可以和世界各高能加速器中心联系——调阅数据或互通信息。右边是丁教授秘书的办公室，楼上右边会议室兼学术报告厅的墙壁上挂着他在瑞典皇家科学院接受诺贝尔奖的照片。穿过走廊便是丁教授的办公室，他辗转在欧洲各大加速器中心做实验，平时很少在这里。

"他是我的顶头上司，你不妨找他谈。"一天，丁教授诙谐地说。于是，我按照约定的时间走进了麻省理工学院核能研究所所长柯尔曼的办公室。黑人女秘书通报后，身材高大的柯尔曼教授接受了采访。

柯尔曼说："我们这里有400位雇员，其中有40位教授，每年有3 000万美元经费，共有8个科研部门，其中5个教学，3个做研究。"柯尔曼是总负责人，下面有个由教授组成的执行委员会，用民主方式管理，重要的事情投票决定。1946年第二次世界大战后成立的这个研究所，在这里工作过的学生和教授中，有7位诺贝尔奖得主。在距离研究所1小时路程的地方建有一个电子加速器，这个所参与的第二个大项目是L_3，还有六七个计划正在进行；和中国物理界有许多联系，常常有中国学者来访。这位研究所所长说："我本人是研究理论物理的，20年前来到MIT时就认识了Ting，L_3实验至少到现在是非常成功的，获得了非常重要的数据。我确信，欧洲核子研究中心的正负电子对撞机增加亮度之后，将显示出L_3实验比别的实验强。"

"作为一位世界杰出的物理学家，Ting在这里工作，我们感到很自豪，他是MIT的骄傲。"柯尔曼教授加重语气说。

"Ting领导一个实验组从事寻找新粒子的研究，在世界高能物理领域里，是迄今为止国际上最大的合作项目。他成功地把各国物理学家组织在一起，这是很不容易的，也是非常值得提倡的，各国物理学家都愿意跟Ting在一起工作，这是很不容易的。"柯尔曼最后说。

访问快要结束的时候，我乘车跟随丁肇中教授去波士顿大学，听取了他在这个大学的演讲。同行的有柯尔曼教授和丁教授的女秘书爱伦·鲍贝。

"这河叫查尔斯河,和英国的查尔斯王子同名,类似中国的秦淮河。"丁肇中教授用英语说。柯尔曼也知道秦淮河,因为他到过中国。河上,白帆点点,我们沿河随着川流不息的汽车到达波士顿大学后,在热烈的掌声中,丁肇中教授走上讲台,一面在投影仪下映出讲稿和图片、数据,一面用英语演讲。

丁肇中教授侃侃而谈,他从高能物理的发展史谈到 L_3 实验,以及这个大规模科学实验已经取得的重要物理结果,和正在做的寻找黑格斯的研究。报告不时被热烈的掌声打断。随后,他又回答了与会者提出的问题。散会时,已经暮色苍茫。明天或许后天,丁教授又要飞越大西洋到欧洲核子研究中心去了。在那里,除了规模庞大的 L_3 实验牵动着他的心之外,他和各国物理学家们还在不停地探索,不停地追寻新的、更大的实验课题。欧洲和美国的能源部门,都正在积极地酝酿集资建造更大规模的高能加速器。丁肇中教授和各国物理学家们正秣马厉兵,酝酿研制新的探测器,一俟加速器建成并投入运转,就在新的加速器上做更大规模的实验。

对丁肇中教授来说,探索是无止境的。有人讲了一个笑话来形容他的生活方式:一天,爱迪生的妻子对爱迪生说:"你太辛苦了,一年到头工作,你应该休息一下了。"

"我怎样休息?"爱迪生问。

"到你喜欢去的地方!"

吃过晚饭后,爱迪生不见了,原来他又到实验室工作去了。

人们说,这个故事正是丁肇中生活的写照。

(原载 1991 年 6 月 10 日第 23 期《瞭望》,有删改)

附件（5）

SSC 停建之后

近日，我乘飞机从北京出发转道上海，赴日内瓦欧洲核子研究中心（CERN），访问了著名物理学家丁肇中教授和他领导的 L₃ 实验及其科学家们。

一个初冬的午后，我和中国科学院上海硅酸盐研究所的科学家们在上海虹口机场迎接丁肇中教授。他这次上海之行是陪伴汉斯·豪夫教授（Hans Hofer）从瑞士前来接受上海科技大学名誉博士学位。

"豪夫教授这是第 25 次来中国，多年来他和中国的高能物理学界合作，关系密切，他为中国培养了不少科技人才。"丁肇中说。苏黎世工业大学（ETHZ）是世界著名的学府，爱因斯坦的母校。汉斯·豪夫教授在该校任职多年，目前他是丁肇中教授领导的 L₃ 实验组的负责人之一。

次日，丁肇中教授一行参加上海科技大学为豪夫教授授学位仪式。这期间，丁教授特地抽时间去嘉定的上海硅酸盐研究所实验基地考察。"丁教授每次来上海都要到实验基地来。10 年前，他把他领导的 L₃ 实验用的 BGO 晶体（锗酸铋）的研制和生产工作交给了我们，现在 BGO 已大量用于 L₃ 实验用的探测器。这中间花了他很多心血。"同行的上海硅酸盐研究所的科学家说。

到了实验基地，丁教授指着一排排新的建筑物一一询问。在实验车间，他边走边说："硅酸盐研究所科研与生产相结合做得很好，重点生产 BGO，是国际上知名的。他们依靠自己的能力，生产出来的 BGO 晶体水平是很高的。"说完，他顺手拿起一块 BGO 说："这种晶体和不锈钢一样重，是透明的，你试试！"丁教授笑着递给我。

"不久前，我见到瑞士总理，我拿出一块 BGO 对他说：'请你猜一下，这是什么东西？'"

丁肇中沉吟片刻，接着说："他仔细地看了看，说：一定是上海来的！"

"这是中国上海做的 BGO 晶体，是硅酸盐所做的 BGO。"丁教授介绍道，那位瑞士总理听了赞不绝口。

为豪夫教授举行的隆重的授学位仪式结束以后，丁肇中教授又带领各国科学家们到北京召开了 L_3 实验国际研讨会，然后离开北京飞往日内瓦。在这之后，我应邀再次到了坐落在日内瓦郊区的欧洲核子研究中心。

在这里，跨越瑞士和法国的迄今为止世界最大的正负电子对撞机仍在昼夜不停地运转着。丁肇中教授领导的 L_3 实验，在这个中心的第二个对撞点进行。这是由十几个国家的 500 余位物理学家参加的大型高能物理实验，他们在昼夜不停地通过 4 个巨型探测器采集数据，分析数据，努力寻找新粒子，近年来取得了重要的实验结果。这些实验结果是：（1）实验确定宇宙中存在三类中微子，即电子中微子、τ 子中微子、μ 子中微子；（2）实验精确地确定了并测量了弱力传递的 E^0 粒子的性质；（3）实验确定电子、μ 子、τ 子的半径小于 10^{-17}cm，即比一根头发丝的直径的 100 万亿分之一还要细。

丁肇中教授着力于带领各国科学家们研究如何改进探测器，为的是使这项耗资 9 亿美元的巨型实验达到预期的目的。

美国于 1992 年 3 月在得克萨斯州破土动工的世界上最大的超导超级对撞机（简称 SSC），是一台质子与质子对撞机，质心系能量为 40 万亿电子伏，计划耗资 80 多亿美元。不同类型和不同能量的高能加速器和对撞机服务于不同目的的粒子物理实验。

美国计划建造的 SSC，主要是为寻找第六种夸克而建造的。另外，科学家们还希望利用 SSC 来发现黑格斯粒子。除此之外，利用 SSC 还可以模拟宇宙大爆炸刚发生过后，即宇宙形成之初的力学状态，这将有助于探索宇宙起源的奥秘，使人们有可能解答"何为物质"、"何为力"这些自古以来困惑人们的重大疑难问题。

SSC 项目耗资大，周期长，因而一直是美国国会一年一度讨论预算拨款问题时激烈争论的议题。不久前，由于美国国会削减 1994 年度经费预算开支，SSC 决定停建。消息传开以后，各国科学家，尤其是美国科学家迸发出一片"震惊"、"失望"和"悲哀"的感叹。

"你来得正好，SSC 停建了，你可以采访一下科学家们的想法。"德国物理学会会长、著名物理学家朔佩尔教授说完，随即让我看了美国有关这场辩论的录像片。丁肇中教授领导的 L₃ 实验将进行到 20 世纪末。那么，SSC 的停建对他和他周围的几百位物理学家有些什么影响呢？

"你可以采访一下芬兰高能物理研究所所长奥洛瓦教授。"丁教授这样对我说。

奥洛瓦是位年轻物理学家，如今，他领导的研究所刚参加 L₃ 实验。听我说明来意后，他在黑板上一面用英文写，一面说："美国 SSC 的停建，对国际物理学界影响很大。目前形势下，需要高能物理学家向社会解释其重要性，例如用造高能加速器和探测器的技术，可以用来建核电站，还有超导技术的应用，大的工厂中的许多现代化技术，都是全新的技术，均可以从造加速器和探测器中得到。因此，高能物理研究不会因美国 SSC 的停建而停滞不前。"

奥洛瓦教授说："全世界有 10 个区域的地层是由非常好的花岗岩组成，包括澳大利亚、加拿大、西伯利亚、芬兰，这是些非常古老的岩石，没有地震。最近。丁肇中教授已经 3 次去芬兰，会见了芬兰总理，准备邀集各国参加，在芬兰建造一台电子直线对撞机，这台耗资 100 亿美元的高能加速器，计划 2005 年建成。在丁教授的积极支持下，相信我们的计划一定能实施。这是条大鱼，我们要努力去抓住它。"

奥洛瓦教授最后说，眼下，德国、日本、美国斯坦福电子直线加速器的科学家们，正在丁肇中教授的带领下联合起来，即将开始预先研究，届时，中国科学家们也将参加进来，在人力方面出些力。芬兰是个小国，人口只有北京的一半。但有各国的支持，相信一定能建成。有关计划已经提出来，将先建一个 300～500 GeV 的电子直线对撞机，然后，逐步加长。

"丁教授的支持是非常重要的，有了他的支持，计划一定能得到实施！"奥洛瓦教授强调说。

（原载 1993 年 12 月 27 日《瞭望》，有删改）

附件（6）

丁肇中教授与记者的采访情缘

我与著名物理学家、诺贝尔奖获得者丁肇中教授相识已有 21 年了。在这 21 年中，有时他来中国访问，有时他邀请我去国外采访，在相处中，他正直的为人、严格的治学态度，尤其是他对我这个物理学和外文都很差劲的记者的关照和提携，以及生活上对我无微不至的照顾，都使我永远地难以忘怀。

那是 1979 年的秋天，有一次我在中国科学院采访，听该院外事部门的一位负责人讲，丁肇中要来中国讲学，范围和这年春天著名物理学家李政道一样。听到这个消息，我以一个记者的敏感，立即决定采访他。不料，事情进行得不顺利。原因是，中国科学院当时的外事部门不准记者采访他。当时，我还年轻，有些天不怕地不怕的劲头，心想，不准记者对这位大物理学家进行采访，是毫无道理的。于是，我便把状告到了当时的中科院负责人方毅处，方毅历来很支持记者的工作，他闻讯后不仅严厉地批评了外事局，而且让他们立即安排我采访丁肇中教授。

这年秋天的一个午后，我在北京饭店旧楼的一间会客室里见到了丁肇中教授。

这天，丁肇中身穿黑色的西装，满头的乌发和红润的面庞，乍看根本不像 43 岁的人。他用带有中国山东日照口音的普通话与记者交谈，从他如何从 0 到 8 岁在中国度过颠沛流离的童年，谈到他怎样在 20 岁时从中国台湾去了美国，在美国密歇根大学读完博士学位后，又如何从事高能物理研究。

当我对他和他的小组找到胶子存在的证据表示祝贺时，他谦逊地笑着说：

最值得祝贺的事情，是中国人民决心要实现四个现代化。

随后，他又谈了高能物理今后的发展及他所从事的实验工作的目的和意义。他说："高能物理这一门科学的发展是非常迅速的。自从伽利略从比萨斜塔上丢下两个大小不同的物体证实了重力加速度是一个常数，这可以说是那个时候的直线加速器吧，到19世纪的末期X光的发现，相对地说，也算是当时的高能物理研究。20世纪30年代，中子的发现以及以后愈来愈多的新粒子的发现，高能物理研究的规模越来越大，涉及的学科越来越多，对仪器精密度的要求越来越高，因为它探索的粒子越来越小，而且有各种不同的特点。"

话题转到他当时的研究工作时，他说，找到胶子存在的实验证据，算不了什么。20世纪微观物理学的一大进展就是发现除牛顿所发现的引力相互作用和19世纪确立的电磁相互作用外，还有两种新的相互作用：强相互作用和弱相互作用。我做物理实验的目的，是想找到这4种作用力的根本联系，这样对宇宙中的大部分物理现象，就能有一个全面而深刻的了解了。

在这次访问中，丁肇中还谈了白1975年以来，他4次回国访问的观感。从谈话中，我发现丁肇中很坦率，他说："1975年我来时，在北京和科学家们谈了谈。那时，没有人谈科学，科学家们都处于恐怖状态；1977年来访，科学家们兴奋地告诉我，他们获得了第二次解放。这次回来，见到高能加速器的预制研究已经开始，慢慢地也有个计划，大批的留学生、研究生、访问学者也都派出去了，情况和几年前相比，大不一样了。"

次日，我又访问了在丁肇中小组工作和学习过的中国科学工作者唐孝威、郑志鹏等人。

于是，写出了《丁肇中教授谈科学试验》长篇通讯。为了表述得准确无误，成稿后，我送给丁教授阅改，他很认真地看了稿子，同意发表。

稿件经新华社对国内外播发后，被广泛采用。

这件事过去不久，有一天，我在北京西郊的中国科学院高能物理研究所采访，丁肇中教授的学生、现任该所所长陈和生教授告诉我，丁肇中教授想邀请我去他在瑞士的实验室采访。我听了，一时间不免有些惶恐，我说我还要请示一下新华社的领导。领导很快答复同意我接受丁教授的邀请，去欧洲核子研究中心采访。从这时起，便开始了我与丁教授长达多年的采访情缘。

丁教授在事前对我的访问做了周密的安排。他不仅派人去机场接我，安排我在旅馆里住下，还请中科院的访问学者马基茂给我当翻译。次日早晨，他本人便在他的办公室里接见了我。一见面，他就笑着问我说："很恐怖吧！"

意思是，我独自一人出国采访，不免害怕。

随后，他给了我一个口袋，说："这是你两周的生活费，因为你在国内有工资，所以只发生活费，不包括你停留期间的房费。"房费他已另外支付。

这时，丁教授正在领导着由十几个国家、数百位科技人员参加的 L_3 实验，可以说是日理万机，对我的生活琐事还亲自过问、安排，一种记者的责任感便油然而生。

"你不要天天待在招待所里，要到办公室来（注：中国学者在 CERN 的办公室）；丁先生天天到各办公室里转，他不喜欢懒惰的人！"一位中国访问学者提醒我说。

他的话是对的，从次日起，我便每天像上班似的，准时到中国办公室，然后随马基茂教授采访各国科学家。

"你随便看看，不一定写东西！"丁教授说。

这次采访原定一个月，后来又延长了一个月。在这两个月中，我除了抽他的空闲时间和丁教授本人做采访外，还采访了他的高级助手、德国著名物理学家贝克尔教授、美国物理学家陈敏教授、瑞士著名物理学家汉斯·豪夫教授等等。并应邀到丁教授坐落在法国和瑞士边境的家中作客。还参观了 CERN 地下隧道里的 L_3 实验。目睹了丁教授忘我的工作精神和严格的治学作风。

　　丁肇中的合作者们说，丁教授坐飞机是"买月票"。他为了和分布在世界各地的研制探测器的研究所保持密切联系，一个月中，要在瑞士和美国之间往返飞行二三次，中间还要飞往中国和苏联，以及其他的国家。一般人乘飞机不能睡觉。丁教授正相反，坐飞机是最好的休息时间，常常见他下了飞机，眼睛里挂着血丝就直奔实验室……

　　人们告诉我，规模空前的 L_3 实验，耗费了丁肇中大量的时间和精力。由于实验十分复杂，牵涉的学科多，而且是许多国家合作进行，因此，他作为实验项目的负责人，每日工作量大得惊人。

　　一天傍晚，丁教授亲自驾车带我和马基茂穿过绿色的原野，到他家中作客。他的家坐落在法国靠近瑞士的地方，前面是一片葡萄园；进入院子，但见碧草如茵，有两幢二层小楼，丁教授领我们走进一栋小楼的客厅，宽敞明亮的客厅静悄悄的，一面墙上挂着苏姗·马克思·Ting 的画像，进门正中的墙上，挂着丁教授和儿子丁明童的照片。休息片刻，丁教授端来他亲手泡制的中国茶招待我们。喝茶以后，又谈起了不久前他在国内看的影片《城南旧事》。然后，带我们到院子里散步。

　　他边散步边说："我每天清晨 6 时半起床，思索一下一天的工作，吃罢早饭就自己开着汽车去上班，直到深夜才归。"

　　当时，丁肇中正在忙于领导 L_3 实验，我问他这实验的目的是什么？他说："L_3 实验模拟早期宇宙的形成，也就是大爆炸。我们和其他实验的不同之处是，能高精度地测轻子，我们将寻找粒子质量的起源。正负电子对撞，产生电子、μ 子和丢失的粒子，通过不同的能量寻找新粒子，这就是我们进行 L_3 实验的目的。"

　　他又说："通过正负电子对撞后丢失的能量，可以推测丢失粒子的质量，这种粒子普遍认为是质量的起源，物理上叫黑格斯现象。理论上的预言已经证实。因此，寻找黑格斯也是我们进行 L_3 实验的目的之一。"

采访中，一天，我跟随丁教授在隧道里检查工作。他快步在前面走，我紧跟在他的后面，一面走，一面笑着问他："你对隧道里的情形这么熟悉，每天都来这里视察？"他停下来，用炯炯的目光瞥了我一眼，诙谐地说道："只要我在欧洲核子研究中心，每天至少来一次；不过，不是视察，是和群众打成一片！"

我按照自己的知足常乐、人生短暂、何必太辛劳等的思维逻辑，向他提了一个自己百思不解的问题。我对他说："您早已获得诺贝尔奖，可以说已经功成名就，为何还这样不辞辛劳地日日夜夜奋斗不息呢！？"

听了这话，他思忖片刻，对我说："这个问题10年以后也许能回答你，现在还为时过早。"随后，又说："我也不知道我的探索何时是止境。总之，我对实验有兴趣！"

听了这话，不禁使我想起了丁教授的人生经历。1956年，他到美国时，只有20岁。当时，他只会一点点英文，对于美国的生活花费，毫无概念。在中国台湾时，他从书报中知道，许多美国学生自食其力完成大学教育，因此他告诉父母他也要如此。1956年抵达美国底特律机场时，他身上只有100美元，他以为这个数目超过了需要。再加上他不认识任何人，交谈有困难，心中很害怕。第一年，他在语言不通、生活环境不同、学习困难的情况下度过。由于他依靠奖学金念书，他必须十分用功，以保有那份奖学金。

这番话，我想也许有助于了解丁肇中教授为什么在获得诺贝尔奖之后，仍然还在不停顿地奋斗不息吧！

近年来，丁肇中又带领各国科技人员开始了一项前所未有的实验物理宏伟计划——AMS计划。这项计划眼下正在欧美和中国的有关机构紧张地进行着。

这个由美国能源部及航天局立项，由丁教授主持的巨型科学计划，旨在太空中寻找反物质（亦称暗物质）。通俗地说，该计划就是研制一个极其复杂的阿尔法磁铁质谱仪（简称 AMS），用宇宙飞船把它带入太空，用以寻找反物质。

寻找反物质是人类很久以前就有的梦想。它起源于英国物理学家狄拉克的理论。

狄拉克认为，电子可以有反电子存在。1932 年，美国物理学家安德森在探测器中发现反电子的轨迹，从而使狄拉克的理论得到证实，1933 年他因此获得诺贝尔物理学奖。在这之后，他预言：极可能存在着主要由反电子和反质子组成的星球。

经过半个世纪的探索，科学家们发现：所有的基本粒子在极小的距离中都存在着相对应的反粒子，问题是：宇宙中的元素有没有反元素？宇宙中有没有反星球？

丁肇中教授历来尊重实验。1995 年 8 月，他在汕头举行的第一届国际华人物理学大会的报告中说，纵观既往的高能物理实验计划，有许多并未得到预期的结果，但却有意外的发现，AMS 计划也如此。此后，在北京举行的国际轻光子会议上，他再次报告了他的新计划，引起与会科学家的很大兴趣。

AMS 计划得到了包括中国在内的世界各国政府和科学家的热烈支持。美、中、俄罗斯、意大利、瑞士、德国、芬兰等 10 个国家和地区的 37 个研究机构的物理学家和工程师参加了这个国际合作项目。人们正在热切地期待着丁肇中教授再创辉煌。由于相信他一定会不负众望，因此，AMS 计划一出台，就受到了各国物理学家的热烈支持，尤其是中国科学界更是全力支持，这除了科学上的缘由外，还因为丁肇中教授和我们这片土地有着不解之缘。

从 20 世纪 80 年代末，到 90 年代，丁肇中教授曾多次邀请我去欧洲核子研究中心和美国麻省理工学院采访。在多次采访活动中，在工作上他除了无微不至的关照外（每次采访，事先他都给我找好翻译，甚至安排好车辆），更使我感动地是，他不仅多次派人去机场接送我，假日请瑞士人皮特·拉抗开着自己的汽车带我到日内瓦的千年古堡和阿尔卑斯山旅游。有一年到波士顿麻省理工学院采访时，下了飞机，他让接我的张元翰博士（那天他本来安排秘书爱伦小姐去机场接我，临时因爱伦有事，便请张元翰去了）把给我的生活费都换成 5 美元、10 美元的零票。因为他也许考虑到，到了波士顿，他给我安排的是住在旅馆里，不像在瑞士是住在 CERN 的招待所里，可以自己烧饭，在波士顿时是到街上自己买饭吃，我又语言不通，用零钱更方便些。

年复一年，在国外采访，也不知道有多少次，丁教授只要一有空闲，便自己开着车带我出去吃饭，日内瓦的大小餐馆——大到洲际饭店，小到一般餐馆都吃过。在点菜时，他都是细心地照顾我。丁教授和我都是山东人，平时，吃得最多的是日内瓦瑞士人的饭馆里的锅贴。

一些中国访问学者曾不解地对我说："丁先生最讨厌的是记者，奇怪的是，不知他为什么对你却这样好？"有一天，我随丁教授去波士顿大学演讲，他也谈到了这个话题，他说："你知道，我为什么对你这样好吗？"我摇头表示不知道。他说："就是因为当年你为了采访我和×××（中科院外事局的一位工作人员）吵了一架。这是×××告诉我的。他还说，因为阻拦你采访，你还把他告到了方毅那里！"说完，他哈哈大笑起来，我也笑了。

从这件小事，我体会到，丁教授这位举世闻名的大科学家是极重情义的。

我这一生，写过许多科学家，像他这样和一个普通记者有着深厚采访情缘的人，并不多见。这从一个侧面也反映了我们当记者的，不应该急功近利，应全身心地去采访，去把稿件写好。这样，别人才会尊重你，才会厚待你。

（原载 2001 年 8 月 25 日第 4 期《瞭望》，有删改）

后　记

　　《丁肇中》一书于 2002 年由新华出版社出版。时隔 17 年，由广东高等教育出版社再版。

　　在新的版本呈现在广大读者面前时，我向所有为这本书的出版做出贡献的人们致敬。

　　首先，我要感谢丁观海教授，正是他在漫长的岁月里满怀深情地记下了爱子丁肇中青少年时代的故事，以及他们家族的历史，才使我能够比较准确地书写本书的有关章节。

　　20 世纪 80 年代末 90 年代初，我曾多次去欧洲核子研究中心以及美国麻省理工学院采访。在那些日子里，我不止一次地得到丁肇中教授的关照与帮助。在同他周围的人访谈时，我深为丁教授追求科学真理的献身精神所感动。

　　年复一年，在欧洲和美国采访期间，在丁教授身边工作的中外科学家们从繁忙的工作中抽出时间接受我的采访，有的亲自到机场迎送我，陪我参观，请我吃饭。其中有瑞士著名科学家汉斯·豪夫，他曾亲自开车带我从日内瓦到苏黎世，参观了著名的苏黎世工业大学。丁教授的夫人苏姗·马克思·丁，以及丁教授的助手、德国科学家乌尔利希·贝克尔、陈敏教授等，还有德国著名科学家朔佩尔、意大利著名物理学家、诺贝尔奖获得者鲁比亚等，都曾热情地接受过我的采访。

最使我难忘的是，在丁教授身边工作的奥地利人施道耶、瑞士青年皮特·拉抗等，他们有的请我去他家吃饭，有的亲自驾车带我"瑞士一日游"，参观日内瓦的千年古堡，到白雪皑皑的阿尔卑斯山上观看滑雪比赛。他们的热情，他们的好客，都使我难忘。

我还要感谢丁肇中教授，2018 年春天，他应我的请求，从遥远的 CERN 寄来了他新近的照片，才使读者看到他在年过八旬之后，仍忘我工作的真实写照。

广东高等教育出版社的黄红丽总编辑，始终坚持再版此书，正是由于她的这种坚持不懈的执着精神，才使本书再版成功。

新华社的骆国俊、王凤海等同志，也从各方面给予热情支持和鼓励，在此一并致谢。

顾迈男
2018 年 11 月于北京